Kirsten Wächter

Bewerben auf Englisch

Perfektes Anschreiben und überzeugendes Vorstellungsgespräch

POCKET BUSINESS TRAINING

Cornelsen

Die Internetadressen und Dateien, die in diesem Werk angegeben sind, wurden vor Drucklegung geprüft (Stand: Oktober 2008). Der Verlag übernimmt keine Gewähr für die Aktualität und den Inhalt dieser Adressen und Dateien oder solcher, die mit ihnen verlinkt sind.

Verlagsredaktion: Silke Korporal
Technische Umsetzung: Holger Stoldt, Düsseldorf
Umschlaggestaltung: Ellen Meister, Berlin
Titelfoto: © David Gould / Getty Images

1. Auflage

Druck und Bindung: freiburger graphische Betriebe,
Bebelstraße 11, 79108 Freiburg im Breisgau

ISBN 978-3-411-86489-8

Inhalt gedruckt auf säurefreiem Papier
aus nachhaltiger Forstwirtschaft.

Inhalt

Einführung

Bewerben auf Englisch lässt viele Menschen zunächst an die Bewerbungsmappe für Berufsanfänger denken, die für eine kurze Zeit im Ausland Erfahrungen sammeln wollen. Jedoch gewinnt dieses Thema nicht zuletzt durch die viel beschworene Globalisierung zunehmend Einfluss auf die Arbeitswelt – von Mitarbeitern und Mitarbeiterinnen werden Englischkenntnisse verlangt, um im internationalen Geschäft bestehen zu können. Unternehmen gehören zu multinationalen Konzernen, wobei nicht selten der oder die direkte Vorgesetzte aus dem Ausland kommt. Auch von Berufsanfängern werden entsprechende Kenntnisse der englischen Sprache verlangt – oft schon im Studium.

Dies heißt, dass selbst Menschen, die bereits mitten im Berufsleben stehen, sich u.U. auf Englisch bewerben müssen – häufig von jetzt auf gleich. Da heißt es, seine Unterlagen auf Englisch parat zu haben und sich in Vorstellungsgesprächen gut verkaufen zu können. Da dies aber nicht gerade alltägliche Situationen sind, ist Trainingshilfe dabei äußerst angebracht.

Was erreichen Sie mit diesem Buch?

Dieses Buch hilft Ihnen dabei, unabhängig von Ihrem derzeitigen Status, Ihre Bewerbung unter dem Aspekt einer überzeugenden Selbstdarstellung zu gestalten und sich auf die unterschiedlichen Phasen einer englischsprachigen Bewerbung vorzubereiten. Dabei hat der Band die internationale Geschäftswelt im Blick, um Ihre Unterlagen möglichst universell einsetzbar zu machen. Das Buch beschränkt sich jedoch nicht auf das Verfassen von Lebenslauf und Anschreiben nach internationalen Standards, sondern zeigt Ihnen vielmehr, wie Sie diese Dokumente persönlich und effektiv gestalten und somit als Grundlage und Vorbereitung für Vorstellungsgespräche nutzen können. Diesem gilt das Augenmerk im zweiten Teil des Buches, in dem Sie lernen, sich selbst und Ihre Fähigkeiten überzeugend auf Englisch darzustellen. Dazu finden Sie Formulierungshilfen für die verschiedenen Abschnitte des Vorstellungsgesprächs, also Kontaktaufnahme per Telefon oder den Umgang mit Fragen, aber auch Tipps zur Steuerung des Gesprächs oder zu Small Talk. Das Buch berücksichtigt außerdem unterschiedliche Situationen wie z. B. die von Berufseinsteigern oder die von Fach- und Führungskräften. Denn aus welchen Gründen Sie sich auch für eine Bewerbung auf Englisch entscheiden: Berufserfahrung im Ausland signalisiert Arbeitgebern interkulturelle Kompetenz, Flexibilität und Eigeninitiative, Eigenschaften, die in der heutigen Arbeitswelt immer wichtiger werden.

Was finden Sie in diesem Buch?

Das kompakte Format ermöglicht es Ihnen, gezielt und zügig Informationen zu finden. In den einzelnen Kapiteln finden Sie Informationen zu:

- Recruiting-Prozess
- Jobsuche per Internet
- Lebenslauf
- Anschreiben
- Informationen zu Firmen nutzen
- Fragen vorbereiten
- Sich selbst präsentieren
- Tipps und Strategien für das Vorstellungsgespräch

Durch Übungen und Selbsttests verfestigen Sie Ihren Wortschatz und Ihre Ausdrucksweise und gewinnen so Selbstvertrauen bei der Formulierung Ihrer Bewerbung und Ihrer Eigendarstellung im Vorstellungsgespräch.

1 Einen Job finden

… heißt zunächst einmal, sich darüber klar zu werden, welchen Job man sucht. Eine genaue Vorstellung dessen, was man machen oder in welche Richtung man sich beruflich verändern möchte ist besonders wichtig, wenn man in einer Fremdsprache auf Jobsuche geht. Denn hier gilt es, zunächst englischsprachige Stellenanzeigen und Firmenpräsentationen zu verstehen und sicher zu sein, dass man für dieses Unternehmen oder diese Organisation auch tätig werden möchte.
Da man davon ausgehen sollte, dass eine englischsprachige Bewerbung häufig noch mehr Zeit und Mühe in Anspruch nimmt als eine deutschsprachige, gilt es sorgfältig zu überlegen, auf welchen Job man diese Zeit und Mühe aufwendet.

Daher widmen wir uns im ersten Kapitel diesen Vorbedingungen, die für Sie auch beim Verfassen Ihrer Bewerbungsunterlagen von Bedeutung sind, denn:
Jeder gute *recruiter* erkennt aus Ihren Unterlagen, ob Sie
- den Job wirklich aus Interesse und Eignung wollen,
- den Job wollen, weil Sie verzweifelt sind, oder
- den Job wollen, weil Ihnen nichts anderes einfällt.

Damit sind wir auch schon bei einem beliebten Fremdwort in der heutigen Bewerbungswelt angelangt: der Person des *recruiter* und dem dazugehörigen Prozess des *recruiting*. *Recruiting* kennt man im Deutschen eher aus dem Militär, dem Rekrutieren, meint aber im Englischen auch genau das im Berufsleben: nämlich die Personalanwerbung. Der *recruiter* kann intern in einem Unternehmen tätig sein, also in *human resources* (Personalabteilung); beliebt sind aber auch zunehmend Personalagenturen, *recruitment agencies* oder *consultants*, die sich nicht nur auf das *head hunting*, also das Abwerben von hoch qualifizierten Fach- und Führungskräften spezialisieren, sondern auch für Unternehmen *assessment centres* und Vorauswahlen, so genannte *short lists*, erstellen. Die Personalabteilung des Unternehmens und der *hiring manager*, also derjenige, bei dem der erfolgreiche Kandidat später tätig sein wird, müssen dann nur noch zwischen einer Handvoll selektierter Kandidaten entscheiden. Bevor wir uns also den einzelnen Abschnitten des Bewerbungsprozesses zuwenden, betrachten wir doch diesen Prozess aus der Sicht eines *recruiter*. Wenn Sie lernen, dessen Perspektive einzunehmen, dann werden Sie rasch begreifen, welche Strategien zum Erfolg führen und was Sie benötigen, damit ausgerechnet Ihre Bewerbung aus den 500 anderen heraussticht.

Testen Sie zunächst einmal Ihr eigenes Wissen zu diesem Prozess und überlegen Sie, wie Sie als *recruiter* vorgehen würden.

T1: Ergänzen Sie die folgende Liste durch die Abschnitte aus der Box.

interview candidates again – hold first round of interviews – shortlist the applicants – define skills and qualifications needed – place an ad in a paper and online – discard unsuitable applicants

1. Write up a job description for the vacancy
2. ______________________________
3. ______________________________
4. Sort applications
5. ______________________________
6. Invite suitable candidates to first interview
7. ______________________________
8. ______________________________
9. ______________________________
10. Select best candidate

Vokabelhilfe:
vacancy = job to be filled (freie Stelle)
applicant = the person who wants the job (Bewerber/in)
skills = things you have learned (Fähigkeiten)
ad = short for advertisement (Anzeige)
short list = list of best candidates (Vorauswahl)
qualifications = formal certificates (Abschlüsse, Qualifizierungsnachweise)

1.1 Was sagt eine Stellenanzeige?

Eine Stellenanzeige ist immer noch die klassische Suchform, auch wenn sich ihr Erscheinungsort und -bild geändert hat. Neben den klassischen Anzeigen in einer gedruckten Zeitung bieten viele Blätter auch einen Online-Stellenmarkt an, ergänzt wird das Angebot durch interne Anzeigen bei unternehmenseigenen *websites* sowie externe Anzeigen, die online bei Jobbörsen eingestellt werden. Auch in deutschen Zeitungen gibt es englischsprachige Anzeigen multinationaler Unternehmen, auf die Sie sich auf Englisch bewerben sollten, selbst wenn für den deutschen Standort gesucht wird. Möchten Sie jedoch im Ausland arbeiten, ist eine Jobsuche ohne Internet oder Zugriff auf internationale Datenbanken wie z. B. Eures, die Jobbörse der EU, kaum denkbar (www.europa.eu.int/eures/).

Typisch für englischsprachige Anzeigen ist zunächst die Darstellung des Unternehmens. Das erstaunt deutsche Leser hin und wieder (obwohl sich auch deutsche international ausgerichtete Unternehmen mittlerweile diese Mühe machen), aber es erfüllt einen praktischen Zweck: den der Selbstdarstellung und Eigenwerbung. Hier wird vermittelt: Das sind wir, das wollen wir – möchten Sie für uns tätig werden? Und genau diese Frage sollte man ernsthaft bejahen, bevor man mit der Bewerbung anfängt. Durch diese Einleitung unterscheidet sich auch der Ton, denn eine Anzeige gleicht oftmals eher einem Dialog, in dem Ideen entwickelt werden.

In seiner Bewerbung sollte man also in der Lage sein, diese Ideen wieder aufzugreifen und mit der eigenen Person in Verbindung zu bringen. Dazu später mehr.

Neben der Eigendarstellung des Unternehmens gibt es aber auch eine Reihe an typischen Begriffen und Fakten, die in englischen Anzeigen auftauchen. Sehen Sie sich dazu einmal die folgende Anzeige an:

Wellington is a publicly-listed company well established in the manufacturing of a wide range of rubber products. Due to rapid growth of our business, we are seeking for a keen, dynamic and committed candidate (1) to join us at our location in Asia:

Senior Accountant / Accountant (2)
(Hong Kong, China)

Requirements:

- Possesses an Accounting Degree or professional accounting qualification (3)
- At least 2 years working experience in similar capacity, preferably in manufacturing sector (4)
- Able to lead a team of accounts staff (5)

We offer an attractive pay package ranging from £40-45k pa ❻ depending on qualification and experience; the package includes a company pension ❼ and relocation benefit ❽. For further details on the job please contact:

Ms Rose Bingham ❾, HR Manager,
at 0161-552 3040 or rose.bingham@wellington.co.uk.
Please apply not later than 7 April 2009 to:
Wellington Rubber PLC, Oxford House,
Manchester M1 5EA.

1 Zunächst werden die persönlichen Eigenschaften des Kandidaten beschrieben. Überlegen Sie hier, wie *keen* (interessiert), dynamisch und *committed* (engagiert) Sie sind.

2 Es ist durchaus üblich, zwei Positionen anzugeben; *senior* bezeichnet i.d.R. einen leitenden Angestellten mit mehr Erfahrung; Sie werden häufig auch Bezeichnungen wie *junior manager* finden, die eher für Mitarbeiter gedacht sind, die auf der unteren Stufe der Karriereleiter stehen. Dies hat auch Auswirkungen auf das Gehalt.

3 Für Berufsanfänger (aber nicht nur für die) gilt zu beachten, dass sich die Qualifikation häufig auf ein *degree* oder *graduate* beschränkt, also einen Uniabschluss. Oft wird grob eine Fachrichtung vorgegeben (z. B. *degree in economics* oder *graduate engineer*), aber im angloamerikanischen Sprachraum scheint man generell der Ansicht zu sein, dass ein Uniabschluss – durch die verschultere und stringentere Struktur des Lehrplans – bestimmte Voraussetzungen mitbringt („*can work under pressure and meet deadlines*"), während die fachlichen Feinheiten am besten im Job gelernt werden.

4 Auch die Berufserfahrung wird eher vage gehalten: 2 Jahre sind realistisch, die Branche wird bewusst offen gelassen. Daher sollte man sich auch auf Stellen bewerben, die man interessant findet, bei denen man aber das Gefühl hat, dass das eigene Profil nicht hundertprozentig zu passen scheint. Dies gilt besonders für Praktika und Plätze in einem *trainee programme.*

5 Wert gelegt wird – je nach Job – auf Teamfähigkeit oder Führungsstärke.

6 Üblich ist die Angabe der Bezahlung mit einer Spannweite. Diese wird in Form von Jahresgehältern gegeben (*pa = per annum*) und häufig mit einer Ober- und Untergrenze versehen: wobei das *k* für 1,000 steht (von griech. *kilo*). Wie viel dann im Einzelnen gezahlt wird, hängt von der Qualifikation und Erfahrung des *applicant* ab.

7 Eine Betriebsrente ist in Ländern ohne beitragsbezogenes staatliches Rentensystem ein wichtiger Faktor bei der Entscheidung für oder gegen ein Unternehmen. Ähnliches gilt für Beiträge zur Krankenversicherung (*health insurance*). Das Unternehmen wirbt also auch mit bestimmten Zusatzleistungen (*benefits*) um qualifizierte Mitarbeiter.

8 Dazu kann auch eine solche Umzugsbeihilfe gehören (z. B. Mietzuschuss, Kinderbetreuung usw.).

9 Auch diese Angabe ist üblich – als interessierter Kandidat sollten Sie diese Möglichkeit nutzen und zwar nicht nur, um mehr über die Stelle zu erfahren, sondern um bereits Kontakt zu schaffen und Ihr Interesse zu zeigen. Dass Sie die *website* des Unternehmens besuchen sollten, gehört ebenfalls dazu.

Ü1: Sie suchen als Recruiter einer Personalagentur nach geeigneten Kandidaten für die folgenden Jobs:

Accountant **Automotive engineer** **Receptionist**

In welcher *job ad* würden Sie die folgenden Qualitäten platzieren?

- ☐ numerical skills
- ☐ logical thinking
- ☐ tact and diplomacy

- ☐ pleasant voice
- ☐ innovative approach
- ☐ computing skills
- ☐ technically minded
- ☐ work under pressure
- ☐ organisational skills
- ☐ eye for detail

Welche dieser Eigenschaften passt zu allen drei Profilen?

Make it work: Stolpersteine

Schon in deutschen Stellenanzeigen sind häufig tückische Formulierungen mit versteckten Botschaften zu finden. So wird bei der Formulierung „junges, dynamisches Unternehmen" eine Arbeitszeit von 50 Stunden zu geringem Gehalt unterstellt, oder „international aufgestellt" so ausgelegt, dass der Stelleninhaber ständig durch die Gegend jetten muss. Ähnlich mehrdeutige Formulierungen gibt es auch bei englischen Anzeigen.

Ü2: Versuchen Sie, die folgenden Formulierungen ihren versteckten Bedeutungen zuzuordnen.

1. Competitive salary	a. can do all jobs no one else wants to do
2. Ability to work under pressure	b. so fast that people leave before they start
3. Fast-paced company	c. your job includes a lot of stress
4. Excellent team skills	d. we pay less to stay in business
5. Wide range of experience	e. report on every mistake your colleagues make

1.2 Jobsuche im Internet

Wie bereits erwähnt, finden Sie Jobs auch bei den großen Tageszeitungen im Internet, z. B. bei The Guardian (unter jobs.guardian.co.uk). Wenn Sie diesen Weg einschlagen, hat dies den Vorteil, dass Sie rasch eine übersichtliche Suche starten können. Zunächst sollten Sie die Online-Version einer Tageszeitung aus dem Land suchen, in dem Sie arbeiten möchten. Als nächstes prüfen Sie, ob diese ausreichend Stellen in Ihrem Berufszweig aufführt. So bietet der schon erwähnte Guardian zunächst einen Überblick nach Branchen mit der Anzahl der Angebote, z. B. *Engineering* (1023), *Education* (1553) oder *Customer Service* (55). Sind Sie also im Bildungssektor oder Ingenieurwesen tätig, ist dieses Angebot für Sie lohnend, im Bereich Kundenservice eher weniger. Im nächsten Schritt finden Sie dann z. B. bei *Engineering* eine Einschränkung auf *Sectors* (z. B. *Manufacturing*) und *Location* (z. B. *Wales* oder *Greater London*). Bei der Übersicht über die einzelnen Stellen wird zunächst der Titel angegeben (*Senior Environmental Consultant*), dann das Unternehmen und in der Regel das Gehalt (z. B. *competitive salary and benefits* oder *up to £50k*). Weitere Einschränkungskriterien aus dem Klappmenü sind die Arbeitszeit (*hours: full-time* oder *part-time*), Gehaltsklasse (*salary range*) und Art der Anstellung (*permanent, temp*) sowie der Hinweis, ob ein Unternehmen direkt sucht bzw. über eine Agentur (*recruitment consultant*).

So könnte z. B. jemand, der sich für eine Stelle im *Hospitality*-Bereich in London interessiert, auf die folgende Zeile klicken:

VIP Guest Manager – Leading luxury brand and events company/Lloyds Gabriel £25k–£40k dependant on experience

Zusätzlich zu den Kontaktdaten der Agentur Lloyds Gabriel erfahren Sie hier mehr über die Aufgaben, die die Stelle beinhaltet:

Your duties will include:

- creating and managing guest lists
- researching data to enable you to prepare profiles and information on guests
- management of the invitation process
- organising guest programmes

Sie können sich in diesem Fall direkt mit Ihrem *CV* bewerben, denn eine Bewerbung *online* oder per E-Mail wird ausdrücklich gewünscht:

For this position and similar roles, please send your CV to gd@lloydsgabriel.co.uk quote ref. Guest Manager

Über die Funktion *Advanced Search* (erweiterte Suche) haben Sie beim Guardian ferner die Möglichkeit, selbst ein Suchprofil mit den oben genannten Kriterien zu erstellen. Des weiteren können Sie Ihren Lebenslauf in die Datenbank einstellen (*upload your CV*) oder sich geeignete Angebote per E-Mail schicken lassen.

Guardian Jobs hat auch internationale Angebote im Programm (z. B. in den Niederlanden), diese finden Sie unter *International* nach Kontinenten und Regionen sortiert. Auch da kann sich ein Blick lohnen. Viele Onlineangebote anderer Zeitungen funktionieren ähnlich, z. B. die der Washington Post, es ändert sich lediglich die Begrifflichkeit, so steht hier statt *„upload your CV"* dann *„post resume"*. Wie der Guardian zeichnet sich die Seite der Post durch eine große Übersichtlichkeit und Benutzerfreundlichkeit aus. Sie erlaubt unterschiedliche Suchfunktionen (*quick* oder *advanced search*) und bietet auch Hintergrundinformationen zum potenziellen Arbeitgeber an (*company research*).
Wenn also jemand aus dem Bereich *Automotive Engineering* in den USA arbeiten möchte, dann wäre eine mögliche Stelle diese:

Job Title	Employer	Location	Posted
Automotive & Process Engineers	REFAB Incorporated	Newburg, MD	5/08

Durch einen Klick auf den Titel erfahren Sie mehr zu den Einzelheiten der Stelle, dem Unternehmen und dem Bewerberprofil.

Experience:

- Bachelor degree in an engineering discipline
- German language skills a plus (must be willing to learn)
- Experience in the automotive supplier industry, all levels of experience will be considered

Attributes:

- Logically minded with strong analytical skills
- Problem solving and negotiation skills
- Excellence in planning and coordination
- Organized and driven by challenging work

Die Bewerbung kann dann klassisch per Post, aber auch *online* erfolgen.

Möchten Sie in einem Land arbeiten, in dem zwar Englisch die Unternehmens-, aber nicht die Landessprache ist, helfen Tageszeitungen leider nur selten weiter, da es sehr mühselig ist, spezifische Angebote herauszufiltern. Hier sind Datenbanken von Stellenbörsen im Internet hilfreich, wie z. B. die schon erwähnte *Eures* für die Länder der europäischen Union, aber auch seriöse private Stellenbörsen wie z. B. www.stepstone.de, das ein Netzwerk zu anderen Jobbörsen in etwa 60 Ländern unterhält. Viele davon sind dann in deren Muttersprache (also Schwedisch und Holländisch), viele aber direkt auf Englisch, z. B. im asiatischen Raum. So gelangen Sie beim Klick auf *International* und der Auswahl Malaysia zu www.jobstreet.com, die (nach Auswahl des

Landes) eine einfache *job search*-Funktion anbietet. Bei der Eingabe von „*Accountant*" erhält man alle Angebote (einschließlich derer aus den Nachbarländern) sowie eine Übersicht der Stellen mit dem Namen und der Branche des Unternehmens, der geforderten Erfahrung (*5yrs exp*) und wann die Anzeige eingestellt wurde. Zusätzlich stellt Jobstreet aber auch die *Top Employer* in der Region dar, was neben der üblichen kurzen Präsentation zum einen direkt zu deren Angeboten führt, zum anderen ein *company profile* beinhaltet. Hier wird also direkt die Möglichkeit geboten, sich über den potenziellen Arbeitgeber zu informieren, was im weiteren Verlauf der Bewerbung natürlich sehr nützlich ist.

Ü3: Setzen Sie die fehlenden Begriffe in die Stellenanzeige ein.

international – competitive – keen – benefits – full – degree – skills – apply – duties – location

We are an ❶________ company looking for ❷________ and committed people for our team of IT-specialists at our ❸________ in Italy.
We expect successful candidates to have completed a ❹________ in computing with excellent ❺______ in programming.
Your ❻______ will include customising software applications for our customers. We offer a ❼________ salary and a wide range of ❽________. The position will be ❾________-time.
Please ❿________ no later than 30 March to: ...

1.3 Initiativbewerbungen und Praktika

Die Erstgenannten heißen auf Englisch *speculative* oder *unsolicited applications*, was bereits ausdrückt, dass man hier auf einen möglicherweise (noch nicht) vorhandenen Job spekuliert und sich nicht auf eine bestimmte *job ad* bewirbt. Erneut ist das Internet ein sinnvolles Instrument, da man ja in der Regel gezielt ein Unternehmen in einer spezifischen Region vor Augen hat. Auch hier lohnt sich häufig ein Blick in die Tageszeitung (*online*) oder die Stellenbörse, da Sie Ihre Suche auf bestimmte Unternehmen einschränken können und dann alle verfügbaren Jobs sehen: Sie wissen also, ob und in welchem Bereich das Unternehmen sucht und ob eine *speculative application* für Sie sinnvoll ist.

Eine weitere sinnvolle Möglichkeit besteht darin, sich bei *professional networking sites* einzubringen, über die Sie Informationen zu interessanten Jobs erhalten. Diese gibt es nicht nur für Studenten oder Berufseinsteiger. So finden Sie z. B. Foren in der Automobilindustrie, die als spezielle Plattformen Informationen zur Branche anbieten, aber auch den Austausch von Meinungen und Ideen sowie eine Stellensuche erlauben. Im genannten Sektor gibt es sogar ein Forum extra für Frauen. Sie finden unter Websites wie answerbag.com noch weitere Tipps zum Thema sowie Links zu existierenden Gruppen, z. B. der Website von PANG, der Public Accounting Networking Group.

Noch einfacher ist es, Sie besuchen ein für Sie interessantes Unternehmen im Web und informieren sich da über mögliche *Careers*. Auf vielen Websites finden Sie z. B. unter dem Suchbegriff *careers* oder *jobs* rasch zu den entsprechenden Menüpunkten. Dabei wird zunächst gegliedert in Uniabsolventen und Berufstätige (*graduates and professionals*) und in Studenten (*students*), jeweils mit der Möglichkeit zur *job search* und zur *online application*. Letzteres ist dann das richtige Fenster für eine *speculative application*, wobei ihr Profil dann mit der Jobdatenbank abgeglichen wird. Wird etwas Passendes gefunden, werden Sie per E-Mail kontaktiert. Mehr dazu im Kapitel „Bewerbungsformulare“.

Worauf ist bei einer *unsolicited application* zu achten? Da Sie sich nicht auf eine bestimmte Stelle bewerben, ist eine sehr gute Selbstdarstellung gefordert. Achten Sie darauf, dass diese nicht zu eng, aber dennoch konkret genug ist, um Ihr Profil einschätzen zu können.

Praktika
Ähnliches gilt für die Bewerbung auf Praktikumsplätze, den so genannten *work placements* (GB) oder *internships* (US): Da Sie dies üblicherweise tun, während Sie im Studium sind, können Sie kaum Berufserfahrung oder Ähnliches anführen. Sie müssen das suchende Unternehmen von sich als Person überzeugen.
Überlegen Sie zunächst, wie Sie sich als Person beschreiben würden:

T2: Recruiter erstellen häufig ein Persönlichkeitsprofil mit bestimmten Eigenschaften:

1. outgoing, lively, sociable, cheerful
2. kind, helpful, warm, sympathetic
3. patient, calm, reliable, sensible
4. confident, responsible, efficient, hard-working

Welche dieser Eigenschaften treffen auf Sie zu?

Es gibt unterschiedliche Ansätze, jedoch bilden sich aus diesen Eigenschaften häufig vier Typen heraus:

- The thoughtful type
- The independent type
- The active type
- The harmonious type

Welche Eigenschaften würden Sie welchem Typ zuordnen?

Überlegen Sie bei einer *speculative application* also gut, welche Eigenschaften gefordert sind, und achten Sie darauf bei Ihrer Selbstdarstellung. Dazu später mehr.

Praktikumsplätze werden häufig auch in Form von Teilnahmen an Trainingsprogrammen angeboten. Dabei handelt es sich meist um Jahrespraktika, vergleichbar mit einem deutschen Volontariat. Auch hier sind die Beschreibungen äußerst vage:

- Graduates in any discipline with a minimum of a 2.2 mark and looking for a fast track to success and responsibility.
- Offering a thorough training programme for the first year of your career

Im Gegensatz zu Praktika, die leider häufig nur gering oder gar nicht bezahlt werden, sind *trainee programmes* mit einem Jahreseinkommen ausgestattet, das in Großbritannien häufig bei 18–20.000 Pfund liegt.
Wenn Praktika im Ausland Teil Ihres Studiums sind, dann gelten die gleichen Regeln wie für eine Initiativbewerbung, da Sie solche Plätze in der Regel auf eigene Faust suchen müssen. Hier ist es sinnvoll, die Website eines Unternehmens zu besuchen und unter *Careers* den Menüpunkt *Students* oder *Graduates* aufzurufen. Bei vielen Firmen ist dies z. B. unter *Student Job Search* eingeordnet:

- For student placement, please use this link.
- On the following pages, you have access to all current job openings for students.

Hier werden die Angebote für Studierende zusammengestellt, und Sie gewinnen einen Überblick darüber, ob in Ihrem Bereich Möglichkeiten vorhanden sind. Unterschiedliche Auswahlkriterien wie Standort (*location*) oder Bereich (*functional area*) erleichtern die Suche.
Fehlt dieser Punkt hingegen ganz, ist eine Aufnahme von Praktikanten eher unwahrscheinlich. Manchmal ist dieser Bereich aber nur gut versteckt, denn häufig ist *internship* lediglich ein Unterpunkt unter *Career Level* im Menü *Open Positions*.

Des Weiteren ist für Praktika im Ausland die Website www.internabroad.com hilfreich, die einen Überblick über unterschiedliche Programme weltweit anbietet. Sie können zu bestimmten Berufssparten in dem von Ihnen gewünschten Land suchen und anschließend die einzelnen Angebote und Organisationen unter die Lupe nehmen. Als Student haben Sie natürlich auch die Möglichkeit, auf Organisationen wie AIESEC oder den DAAD zurückzugreifen, die bei der Suche nach geeigneten Plätzen behilflich sind und auf Ihren Websites nicht nur Informationen, sondern auch Möglichkeiten zum *Networking* anbieten (z. B. unter www.aiesec.net).

Falls Sie Erfahrung vor einem Studium oder einer Berufsausbildung sammeln wollen, dann bieten sich Möglichkeiten über diverse Programme für Freiwilligenarbeit an, z. B. der EFD der EU (www.go4europe.de) oder das Programm Weltwärts der Bundesregierung (www.weltwaerts.de): Auch hier kann, je nach Partner, eine englischsprachige Bewerbung erforderlich sein. Solche kurzfristigen Aktivitäten sind auch ein guter Test, wie man sich im Ausland bewährt.

1.4 Interne Bewerbungen

Wenn Sie sich im Bereich Ihres eigenen Unternehmens verändern möchten, dann bieten sich dazu häufig Möglichkeiten über firmeninterne Ausschreibungen und Jobbörsen, die Sie im Intranet Ihres Unternehmens finden. Diese funktionieren in der Regel ähnlich wie unter 1.2 und 1.3 beschrieben. Dabei gilt zu beachten, dass in vielen Unternehmen nach wie vor die meisten Stellen intern ausgeschrieben und besetzt werden. Nur ein kleinerer Prozentsatz gelangt nach außen, d.h. in die Anzeigen und ins Internet. Ausnahmen sind die schon erwähnten *trainee programmes*.

Um sich selbst zu beschreiben, sollten Sie Ihre Leistungsbeurteilung (*performance appraisal*) und Ihr Entwicklungsprofil (*development profile*), sofern Ihr Unternehmen mit diesen Instrumenten arbeitet, auf Englisch parat haben. Dazu mehr in Kapitel 2 und 5.

Die damit in der Regel einhergehende Durchführung eines Bewertungsgesprächs (*appraisal talk*) auf Englisch kann wiederum eine gute Vorbereitung auf ein englischsprachiges Vorstellungsgespräch sein, da die hier gestellten Fragen durchaus denen eines solchen Gesprächs ähneln:

- How do you rate your own performance against targets agreed?
- Is there anything you did particularly well?
- Where do you see room for improvement?

Größere Unternehmen arbeiten mit Datenbanken, in die sich veränderungsfreudige Mitarbeiter und Mitarbeiterinnen einstellen können. Dabei haben Sie zunächst die Möglichkeit, die verschiedenen Branchen und Standorte einzugeben (z. B. *Accounting* und *Controlling*, *South Africa* und *Singapore*). Des weiteren erhalten Sie die Möglichkeit, Ihre Fähigkeiten und Kompetenzen zu beschreiben – häufig per Formular mit *multiple choice*, in dem Sie aus vorformulierten Beschreibungen die richtige anklicken können. Das sorgt für eine einheitliche Datenpräsentation und fördert indirekt Ihre Englischkenntnisse. Nutzen Sie zusätzlich Ihr persönliches *networking* im Unternehmen, um etwas über die offene Stelle und den Arbeitsplatz zu erfahren und verweisen Sie bei Bewerbungen auf Ihr eingestelltes Profil.

Make it work: Networking

Überlegen Sie, aus welchen Gründen und in welche Richtung Sie sich beruflich verändern wollen. Sorgen Sie dafür, dass Ihre Leistung im Unternehmen wahrgenommen wird, und verbessern Sie Ihr Netzwerk an Kontakten im Unternehmen, besonders, wenn Sie eine Zeit lang bei einer ausländischen Niederlassung oder Tochterfirma arbeiten möchten. Dies können Sie z. B. dadurch tun, dass Sie sich aktiv bei internationalen Projekten einbringen, was nebenbei Ihre englischen Sprachkenntnisse auffrischt.

Ü4: Welche der drei Möglichkeiten bilden ein festes Begriffspaar mit dem oben angegebenen Wort?

to fill …
⇨ a vacancy / a job / a candidate

to apply for …
⇨ a company / a position / a job ad

to interview …
⇨ contracts / recruiters / candidates

to draw up …
⇨ a short list / a candidate / an application

to select …
⇨ a short list / candidates / interviews

a multinational …
⇨ candidate / group / application

a pay …
⇨ benefits / offer / package

Vokabeln auf einen Blick

ability	Fähigkeit
applicant	Bewerber(in)
application	Bewerbung
apply for	sich bewerben auf
apply to	sich bewerben bei
benefits	Zusatzleistungen
candidate	Kandidat(in)
career	berufliche Laufbahn
certificate	Zertifikat, Zeugnis
company profile	Unternehmensprofil
competitive salary	angemessene Vergütung
contract	Vertrag
curriculum vitae, CV (GB)	Lebenslauf
degree	(Hochschul-)Abschluss
duty	Aufgabe
employee	Angestellte(r)
employer	Arbeitgeber
employment	Beschäftigung
experience	Erfahrung
fill	besetzen
full-time	Vollzeit
graduate	Absolvent(in)
group	Konzern
health insurance	Krankenversicherung
hours	Arbeitszeit
human resources	Personalabteilung
independent	selbstständig
intern	Praktikant(in)
internship (US)	Praktikum
job ad	Stellenanzeige
junior	untergeordnet
location	Einsatzort
mark	(Schul-)Note
part-time	Teilzeit

pay package	Gehaltspaket
pension fund	Rentenversicherung
permanent job	Festanstellung
position	Stelle
professional	fachlich
qualifications	Qualifikationen
recruiter	Personalanwerber
recruitment	Personalbeschaffung
requirement	Anforderung
salary	Gehalt
senior	übergeordnet
short list	engere Wahl
skills	Fähigkeiten
speculative application	Initiativbewerbung
temp(orary)	Zeitarbeit
trainee	Auszubildende(r), Praktikant(in)
trainee programme	Volontariat
unsolicited application	Initiativbewerbung
vacancy	freie Stelle
wages	Lohn
work placement	Praktikum
working hours	Arbeitszeit

Abkürzungen

approx. = approximately	ungefähr
asap = as soon as possible	so schnell wie möglich
inc. = incorporate	in etwa: AG (US)
k = kilo	1.000
neg. = negotiable	verhandelbar
ltd. = limited	in etwa: GmbH (GB)
pa = per annum	im Jahr
plc = public limited company	in etwa: AG (GB)
p/w = per week	wöchentlich
ref.no. = reference number	Kennzeichen

2 Der Lebenslauf

Der Lebenslauf hat die Funktion, einen Abriss Ihres bisherigen beruflichen Werdegangs zu liefern. Die gängigen englischen Begriffe sind *curriculum vitae*, kurz *CV* (UK), und *resume* (US), wobei *curriculum vitae* die wörtliche lateinische Bedeutung von Lebenslauf ist, während *resume* eher eine Zusammenfassung Ihres Arbeitslebens meint.

T1: Welche der folgenden Dinge gehören in einen englischsprachigen Lebenslauf?

name	place and date of issuing
signature	religion
race	gender
nationality	marital status
date of birth	place of birth
health	address & phone number
photo	headline

In Deutschland listet der Lebenslauf lückenlos alle Tätigkeiten sowie detaillierte Angaben zum Schulbesuch und zur Familie auf. Dies ist in englischen *resumes* in der Regel nicht der Fall. Natürlich sind persönliche Daten wie Anschrift und Staatsangehörigkeit wichtig; viele Informationen (z. B. Konfession oder ethnische Zugehörigkeit) gelten hingegen als diskriminierend und finden somit keinen Platz. Das gilt z. B. in den USA auch für Fotos, da diese Rückschlüsse auf genau diese Fakten (Hautfarbe, Geschlecht, Alter) zulassen.

In der internationalen Arbeitswelt gilt es somit, den Lebenslauf als Möglichkeit zu sehen, sich selbst in Szene zu setzen.

Er ist ein wichtiges Instrument des *self-marketing*, eines Konzepts, das Sie sich für den gesamten Bewerbungsprozess zu Eigen machen sollten. Diese Eigenwerbung mag auf den ersten Blick etwas befremdlich scheinen, aber Sie sollten daran denken: Die Konkurrenz schläft nicht. Da Ihre Mitbewerber sich möglichst positiv präsentieren werden, müssen Sie das Spiel nach den internationalen Regeln spielen, um ernsthaft eine Chance zu haben.

Es ist wichtig, Ihre Unterlagen so vorzubereiten, dass diese als Eintrittskarte funktionieren können. Bedenken Sie, dass ein *recruiter* vielleicht 60–120 Sekunden mit einem *CV* verbringt – gelingt es Ihnen nicht, seine Aufmerksamkeit zu wecken, dann haben Sie keine zweite Chance, um den ersten Eindruck zu korrigieren.

2.1 Struktur und Gliederung

Es gibt natürlich unterschiedliche Varianten des Lebenslaufs. Da wäre zunächst der *reverse-chronological*, d.h., Sie ordnen Ihre Tätigkeiten chronologisch abwärts und fangen mit dem aktuellsten (z.B. Ihrer derzeitigen Tätigkeit) an. Hierbei sollten keine größeren Lücken auftauchen, dazu können Sie die Zeitangaben auf Monate und Jahre oder nur auf Jahre beschränken. Anschließend folgt das Unternehmen und Ihre Tätigkeit. So könnte das *CV* von Jutta Schneider, die sich auf die Stelle als *Senior Accountant* bei Wellington bewirbt, wie folgt gegliedert sein:

HighTech Works, Chicago	Senior Controller	Oct 2000–Feb 2003
Frankfurt Business School	Obtained degree as Master of Finance (four-year full-time)	Sept 1997–Apr 2000
Schwarz Consulting, Berlin	Apprenticeship as a tax accountant	Oct 1992-Sept 1995

Dies ist eine Form, die dem deutschen Lebenslauf recht nahe steht.
Die zweite gebräuchliche Form ist das so genannte *functional resume*, bei dem die Betonung auf Ihren bisherigen Leistungen (*achievements*) liegt. Sie beginnen mit den für die ausgeschriebene Stelle wichtigen Fähigkeiten und ergänzen dies durch eine kurze Übersicht zu Ihren bisherigen Stationen. Dabei ist eine *summary* am Anfang durchaus üblich. Die könnte für Michael Grönefeld, der sich als *automotive engineer* bei Refab in den USA bewirbt, wie folgt aussehen:

Summary:

- Bachelor degree in Process Engineering
- Native speaker of German, fluent in English
- 4-year experience with Jansen Gears: designing and testing parts for car manufacturer Abel
- 5-year experience with Abel, coordinating work of a team of five process engineers.

An diesem Beispiel sehen Sie, dass die *summary* bereits sehr genau Bezug nimmt auf die Stellenanzeige (s. S. 16), um das Interesse des *recruiter* zu wecken.

Beide Formen lassen sich sinnvoll kombinieren zum *chrono-functional CV*, den man auch als *international standard resume* bezeichnen könnte. In diesem Fall werden zu den einzelnen Stationen in kurzen Stichpunkten die Leistungen und erworbenen Fähigkeiten wiedergegeben, sofern sie für die ausgeschriebene Stelle relevant sind.
Zur Gliederung des *resume* empfiehlt sich eine Tabelle, in der Sie Zeiten entweder links oder rechts zu Anfang eines neuen Punktes einordnen. An die gegenüberliegende Stelle setzen Sie das Unternehmen und die Organisation sowie mittig Ihre Tätigkeit oder Ihren Abschluss. Anja Elsner, die zurzeit als Rezeptionistin tätig ist und sich bei Lloyds Gabriel auf die Stelle als Guest Manager bewirbt, würde demnach die folgenden Informationen in ihrem *CV* anführen:

Myer's Hotel, Hamburg:	Receptionist ◆ Welcoming customers, organising conferences and events ◆ Preparing invoices, dealing with suppliers	Apr 2006–present

Wichtig ist bei allen Lebensläufen eine klare und übersichtliche Struktur: Der Lebenslauf sollte dem *recruiter* die wichtigen Informationen auf einen Blick präsentieren und somit zwei Seiten nicht überschreiten! Zu lange Lebensläufe oder solche, die mit unwichtigen Details vollgestopft sind, landen zumeist ohne näheres Hinsehen im „*No pile*", also bei den abgelehnten Bewerbungen.

Bei einer *speculative application* fehlt Ihnen in der Regel eine genaue Stellenbeschreibung. Hier ist es sinnvoll, den einzelnen Stationen ein *career objective* voranzustellen, das verdeutlicht, welche Stelle man anstrebt oder in welchem Bereich man arbeiten möchte. An diesem *career objective* kann man dann wiederum den Lebenslauf orientieren. Dies gilt auch für Bewerbungen auf Praktikumsplätze:

- Objective: entry-level position in the field of programming
- Objective: place as an intern in process engineering

Um die schon erwähnte Übersicht zu ermöglichen, wird ein *resume* oder *CV* in verschiedene Kategorien gegliedert. Man beginnt in der Regel mit den *personal details*: Hier gibt es die typischen Angaben zum Wohnort usw. Wichtig sind hier die Kontaktdaten im internationalen Format:

Jutta Schneider
Mommsenstr 37
10629 Berlin, Germany
Phone: +49 30 966 2328
Mobile: +49 177 342 5566
E-mail: jutta.schneider@web.de

Denken Sie daran, bei der E-Mail-Adresse eine private Adresse und nicht die Ihres derzeitigen Arbeitgebers anzugeben! Das Gleiche gilt für die Telefonnummern.

Nach den *personal details* folgen unter Umständen ein *career objective*, ansonsten die *work experience* (auch *professional experience* oder *professional achievements*). Der nächste Abschnitt ist dann die *education*, die hier die Ausbildung meint (evtl. Schulabschluss, vor allem aber berufliche Ausbildung in einem Betrieb, an einer Fach- oder Hochschule). Praktika (bei Berufsanfängern) sollten unter die *work experience* eingeordnet werden, auch wenn diese während des Studiums ausgeübt wurden.

Des weiteren sollten Sie relevante Fähigkeiten (z. B. Sprachen und EDV) unter der Rubrik *skills* auflisten:

Skills

IT:	Office 2000 (Word, Excel, Powerpoint), Internet and SAP FI
Languages:	German (native speaker)
	English (fluent)
	French (working knowledge)

Vergessen Sie nicht, Ihre Muttersprache anzugeben (die im ausländischen Unternehmen ja als Fremdsprache und somit als zusätzlicher Pluspunkt gilt). Wichtig ist an dieser Stelle auch, seine sprachlichen Fähigkeiten einzubringen und zu belegen, besonders, was das Englische angeht. In vielen Ländern sind Nachweise wie der TOEFL-Test (*Test of English as a Foreign Language*) oder Zertifikate, z. B. von Cambridge ESOL, gefordert, da diese objektive Vergleichskriterien bieten. Links, unter denen Sie mehr Informationen erhalten, finden Sie im Anhang. Fachspezifische Kurse oder Schulenglisch (Letzteres durch Nennen der Jahre oder Verweis auf Abiturfach) können hier gegebenenfalls angeführt werden.

Make it work:

Vermeiden Sie im *CV* Übersetzungen aus dem Deutschen, denn „verhandlungssicher“ oder „fließend in Wort und Schrift“ sind im Englischen nicht üblich: Wenn Sie eine Sprache beherrschen, dann können Sie das schriftlich wie mündlich.

Diese Rubrik kann man durch *qualifications* ergänzen, also bestimmte Kurse oder Programme, z. B. zu Verhandlungsführung, *Change Management* oder Arbeitssicherheit:

- Completed six-week course on negotiation skills
- Practical training in Health and Safety issues

Üblich ist im angloamerikanischen Raum auch die Rubrik *interests*. Diese gibt Auskunft über die Persönlichkeit des Kandidaten. Auch hier gilt es, die eigenen Vorlieben auf das Profil abzustimmen:

Interests: playing volleyball, travelling, working as a swimming instructor for children

Wenn Sie Volleyball spielen, wird Ihnen Teamfähigkeit zugeschrieben; reisen Sie gerne, spricht das für Ihr interkulturelles Interesse; als Schwimmlehrer können Sie bestimmte Fähigkeiten vermitteln und zeigen soziales Engagement. Extremsportarten sollten Sie jedoch nicht anführen, da diese als Risikofaktor eingestuft werden können.
Ein weiterer Unterschied zu deutschen Lebensläufen ist die Tatsache, dass in der Regel keine Arbeitszeugnisse oder Ähnliches in Kopie mitgeschickt werden. Dies erspart Ihnen einiges an Aufwand und Kosten. Ausnahmen sind angeforderte Sprachzeugnisse oder, im akademischen und wissenschaftlichen Bereich, Auflistungen von Veröffentlichungen und Vorträgen. Ergänzen Sie Ihren *CV* also durch die Formulierung:

References available on request.

Damit sind dann weniger lange *testimonials* – Arbeitszeugnisse – gemeint, sondern Personen, die auf Anfrage Auskunft über Sie geben können. Werden z. B. in einem Bewerbungsformular oder einer Anzeige *references* oder *referees* gewünscht, dann suchen Sie zwei geeignete Personen aus, z. B. einen Ihrer Dozenten oder Ausbilder und einen ehemaligen Vorgesetzten.

Halten Sie mit diesen unbedingt Rücksprache, bevor Sie deren Namen und Kontaktdaten weitergeben, denn diese werden i.d.R. vom *recruiter* direkt kontaktiert.

Ü1: Ordnen Sie die folgenden Punkte den richtigen Kategorien zu.

1. Skills	a. entry-level position in IT
2. Education	b. leading a project team of four
3. Work experience	c. fluent in English
4. Personal details	d. A-levels in English, Maths
5. Objective	e. IT: Linux, MacOS, Vista
6. Languages	f. Nationality: German

Bei internen Bewerbungen kann auf ein *CV* verzichtet werden, wenn Ihr Unternehmen mit einem *development profile* arbeitet. Dies funktioniert ähnlich wie ein Lebenslauf, fasst aber auch Ihre kurz-, mittel- und langfristigen Ziele zusammen. Typische Kategorien sind dabei:

- Current competencies, skills and knowledge
- Personal development goals
- Development action plan

Sollten Sie Ihr Profil bisher nur auf Deutsch vorliegen haben, prüfen Sie, ob englischsprachige Formulare in Ihrem Intranet zur Verfügung stehen, und überarbeiten Sie Ihr Profil entsprechend.

2.2 Fähigkeiten und Erfahrungen

Wie eingangs erwähnt, ist der Lebenslauf ein wichtiges Instrument zum *self-marketing*. Daher sollten Sie Ihre Fähigkeiten und Erfahrungen so formulieren, dass man als Leser von Ihren beruflichen Leistungen überzeugt ist und mehr von Ihnen wissen will – am besten natürlich in einem Vorstellungsgespräch.
Nachdem Sie also die Stellenanzeige und das Unternehmen gründlich studiert und sich ein Bild dazu gemacht haben, welches Kandidatenprofil erwartet wird, sollten Sie nach Übereinstimmungen suchen und diese entsprechend formulieren. Nicht nur bei Online-Bewerbungen ist es so, dass häufig ein Computerprogramm die Bewerbungen einliest und auf solche Übereinstimmungen hin prüft, daher sollten *key words* oder deren Synonyme auf jeden Fall in Ihrer Bewerbung Platz finden. Um auf unseren *Automotive Engineer* zurückzukommen, sollten die Begriffe *logically minded*, *planning*, *problem solving* und *organised* eingearbeitet werden.
Bei diesem *self-marketing* sind so genannte *modifier* wichtig, also Adjektive und Adverbien, die Ihre Leistung unterstreichen: Zwischen *managed projects* und *successfully managed projects* liegt ein wesentlicher Unterschied. Wenn Sie also Ihre *summary* verfassen, dann achten Sie auch auf solche Begriffe, wie das Beispiel von Jutta Schneider zeigt:

- Solid background in finance and controlling
- Confident and pragmatic approach to challenges
- Excellent communicator and listener
- Experienced in integrating multinational teams

Diese Form der Formulierung sorgt auch dafür, dass die Kernbegriffe direkt ins Auge fallen und nicht in langen, umständlichen Sätzen untergehen. Denken Sie daran: In der Kürze liegt die Würze.

Ü2: Ergänzen Sie die folgende *summary* mit den vorgegebenen Begriffen:

successfully – determined – sustainable – structured – organise – improved

able to ❶ __________ priorities

❷ __________ to complete projects

❸ __________ approach to work

developed ❹ __________ solutions

for ❺ __________ processes

❻ __________ negotiated deals with suppliers

Bei Uniabsolventen sieht ein *CV* natürlich anders aus als bei Menschen, die bereits auf mehrjährige Berufserfahrungen zurückblicken können.

- Wenn Sie über wenig Berufserfahrung verfügen, dann sollten Sie auch Praktika und andere Aktivitäten erwähnen, z. B. Schwerpunkte in Ihrem Studium, das Thema Ihrer Diplom- oder Magisterarbeit oder gute Abschlussnoten in relevanten Schulfächern:

  - ManSys, Munich: internship in prototype designing June-Dec 2001
  - Städt. Gymnasium, Essen: A-Levels in Maths (B) and Physics (A)
  - University of Essen: BSc in Computing with a major in programming and network design

  Bedenken Sie dabei aber Unterschiede in der Notenvergabe und verwenden ggf. *good* oder *excellent*.

- Ist Ihre Berufserfahrung hingegen sehr umfangreich, dann müssen Sie selektieren: Wählen Sie nur die Stationen und Informationen aus, die für die entsprechende Stelle relevant sind. Das bedeutet auch, dass Sie für jede Stelle den *CV* ggf. abändern müssen. Das ist zwar etwas aufwändiger, räumt Ihnen aber bessere Chancen ein als ein immer gleicher *CV*, der für den jeweiligen *recruiter* keine Aussagekraft besitzt. Würde Frau Schneider sich auf eine Stelle als *Auditor*, d.h. Buchprüfer, bewerben, wären folgende Punkte relevant:

  - Successful set-up of an international auditing network
  - Sustainable implementation of IFRS guidelines
  - Advising on matters of fraud, risks and internal control

Wäre sie hingegen an einer Tätigkeit als *Controller* interessiert, würde sie auf diese Punkte verzichten und eher die folgenden auflisten:

- Effective establishment of KPI measurements
- Responsible for leading sales team
- Interfacing with business units on budgeting

Erstellen Sie sich also einen *Master CV* im Format eines *international standard resume* mit allen Informationen zu Werdegang, Qualifikationen und Fähigkeiten auf Englisch auf Ihrem PC, z.B. als Dokumentvorlage. Speichern Sie diesen für die jeweilige *job application* unter einem anderen Namen, löschen Sie irrelevante Passagen oder ändern Sie bestimmte Stellen entsprechend. So erreichen Sie mit einem Minimum an Aufwand ein Maximum an Ergebnis und vermeiden Fehler. Je nach Land können Sie aus dem Sprachmenü English US oder English GB auswählen, was Ihnen hilft, die entsprechenden Rechtschreibregeln zu beachten.

Ü3: Übertragen Sie die *skills & qualifications* von Anja Elsner aus ihrem deutschen Lebenslauf ins Englische!

EDV: Textverarbeitung, Tabellenkalkulation, Hotelsoftware Guest Tracker, Datenbank, Internet

Sprachkenntnisse: Englisch (fließend), Französisch (verhandlungssicher), Spanisch (Grundkenntnisse)

Hobbies: Basketball, Reisen, Kochen

2.3 Abschlüsse und Qualifikationen

Zu den Schul- und Hochschulabschlüssen gilt, dass sich hier die Bundesrepublik mit ihrem nahezu einzigartigen und komplexen Bildungssystem von anderen Ländern unterscheidet. Begehen Sie also nicht den Fehler, deutsche Abschlüsse übersetzen zu wollen.

Da z. B. in Großbritannien ein dreizügiges Schulsystem fehlt, wird demzufolge nicht mehr zwischen den einzelnen Schulformen oder unterschiedlichen Abschlüssen wie „Qualifizierter Hauptschulabschluss" und „Fachoberschulreife" unterschieden. Auch die Berufsausbildung mit einer zwei- bis dreijährigen Ausbildungszeit ist in anderen Ländern eher ungewöhnlich (daher sind deutsche Techniker u.a. in Norwegen so begehrt). Abschlüsse wie Groß- und Außenhandelskauffrau oder Mechatroniker sind schlicht nicht übersetzbar. Hier gilt: Geben Sie die deutsche Bezeichnung an und ergänzen Sie in Klammern die Bedeutung, d.h., was der Begriff umfasst:

- FOR/Mittlere Reife (equivalent to GCSE)
- Abitur (equivalent to A-levels)
- Mechatroniker (three-year combined apprenticeship in mechatronics)

– Groß- und Außenhandelskauffrau (three-year combined training in export and wholesale)

Dabei ist zu beachten, dass für Berufe in Büro und Verwaltung der Begriff *training*, für Berufe in Industrie und Handwerk der Begriff *apprenticeship* verwendet wird.
Eine weitere Frage besteht nach den unterschiedlichen Standards bei *CV* und *resume*. US-amerikanisches Englisch unterscheidet sich nicht nur in der Schreibweise, sondern auch in der Begrifflichkeit von britischem Englisch, besonders bei Schulabschlüssen und Berufsausbildung. Die *A-Levels* kennen keine direkte Entsprechung in den USA, da hier an einem *College* die Hochschulzugangsberechtigung erworben wird. Das *GCSE* entspricht in etwa dem *High School Diploma*. Wollte man hier unterscheiden, müssten Sie eine Formulierung verwenden wie:

1998 – completed junior high school
2001 – obtained High School Diploma

Das Gleiche gilt für das deutsche Fachabitur, welches auf unterschiedliche Weise erworben werden kann. Auch wenn es ähnliche Programme in anderen Ländern gibt, würde der Versuch einer Übersetzung nur verwirren. Wenn Sie das Fachabitur zum anschließenden Studium nutzen, dann schreiben Sie:

2005 – obtained university entrance certificate

Dies ist schließlich der zentrale Aspekt. Ist dies nicht der Fall, dann können Sie auf den Besuch der Fachschule verweisen:

2002–2004	attended Höhere Handelsschule (College of Commerce)
2001–2003	obtained degree from technical college

Es ist sinnvoll, einen Lebenslauf für beide Sprachvarianten vorzubereiten, denn auch internationale Unternehmen in anderen Ländern verwenden – je nach Ausrichtung – in der Regel eine der beiden sprachlichen Variationen. Der Großteil der Informationen kann jedoch so gestaltet werden, dass er sowohl für US-amerikanische als auch für britische Bewerbungen genutzt werden kann.

Bei den Abschlüssen der Hochschulen, aber auch der Berufsfachschulen gibt es mehr Übereinstimmungen. Das liegt zum einen an der zunehmend internationalen Ausrichtung deutscher Hochschulen, an denen mittlerweile auch Abschlüsse wie *Bachelor* oder *Master* angeboten werden, die dem Englischen entlehnt und somit international anerkannt sind.

Bachelor heißt im Allgemeinen ein Universitätsabschluss in drei Jahren; für die Natur- und Technikwissenschaften gibt es den *BSc* und *BEng*, also *Bachelor of Science* bzw. *Engineering*. Der *Master* dauert ein Jahr länger und hat demzufolge die Abkürzungen *MSc* und *MEng*. Bei den Geisteswissenschaften sind die Abkürzungen *BA* und *MA*, wobei das A für *Arts* steht.

Zum anderen sind Ausbildungen an Fachschulen, z. B. einer *Vocational School* oder einer *Business School,* gang und gäbe und bieten oft internationale Abschlüsse an, z. B. der eines *MBA* (*Master of Business Administration*, ein Abschluss in Betriebswirtschaft). Häufig hat die Schule, die Sie absolviert haben, nicht nur eine englische Bezeichung (z. B. der Begriff *University of Applied Sciences* für eine Fachhochschule, was deren Praxisbezug betont), sondern auch Informationen zu den Studiengängen und Abschlüssen auf Englisch.

Make it work:

Achten Sie jedoch auf *false friends*: Das deutsche Wort „Diplom" ist im Englischen kein Uniabschluss, sondern entspricht einem Schulabschluss in den USA und eher einem Fachabitur in Großbritannien. Ein *Diploma* in *Economics* gibt also Ihren Status nicht korrekt wieder. Und *to absolve* heißt jemandem die Absolution erteilen – das hat Ihre Uni wohl eher nicht getan.

Ü4: Übersetzen Sie diese *false friends* korrekt ins Deutsche bzw. Englische!

1. Hochschule	*high school*
2. Kollege	*college*
3. Personal	*personal*
4. absolvieren	*to absolve*
5. Branche	*branch*
6. Diplom	*diploma*
7. Volontär	*volunteer*
8. Seriös	*serious*

2.4 Bewerbungsformulare

Eine dritte nach wie vor beliebte Form ist ein *resume* als Teil eines Bewerbungsformulars, da dieses Formular es dem Unternehmen ermöglicht, Kandidaten und ihre Bewerbungen rasch zu vergleichen. In manchen Fällen erhält der Kandidat dieses per Post, z. B. bei Bewerbungen im akademischen Bereich. Wenn Sie persönlich oder telefonisch bei einem Unternehmen vorsprechen (z. B. bei einer *speculative application*), können Sie um ein Bewerbungsformular bitten. Häufig aber gilt es, dieses Formular *online* auszufüllen. Ein elektronisches Programm gleicht dann die einzelnen Informationen mit dem Profil ab und filtert geeignete Kandidaten heraus, so dass der *recruiter* sich nur noch mit diesen beschäftigen muss. Dabei ist die Möglichkeit zur Selbstdarstellung zwar geringer, aber nicht unmöglich. In vieler Hinsicht gleicht das Formular der Struktur eines Lebenslaufs, gefragt wird nach den *personal details* und der *position*, auf die man sich bewirbt:

- Are you applying for…?
- Have you ever applied to the company before?
- Are you over the age of 18?

Dazu gehört auch die Art der Beschäftigung (*full- or part-time, regular or temporary*) sowie das *entry date* und die *days/hours*, die man zu arbeiten bereit ist, ggf. auch abends oder am Wochenende. Hier werden auch Angaben zur Gehaltsvorstellung erwartet. Weitere Fragen können die Arbeitserlaubnis (*work permit*) oder Einschränkungen betreffen, in manchen Fällen werden auch Fragen zum polizeilichen Führungszeugnis oder zum Drogenkonsum gestellt:

- Are you able to present proof of your legal right to work?
- Have you ever been convicted of a criminal offense?
- Are you willing to submit a substance control test?

Auch wenn dies als Eingriff in die Privatsphäre gesehen wird: Besonders in Ländern wie den USA oder Australien sind solche Fragen üblich. Sie werden des Weiteren gebeten, Angaben zur schulischen und beruflichen Ausbildung zu machen (*high school* oder *secondary school*, *college* oder *university* und *vocational school*), ggf. zu Ihrem Wehr- oder Zivildienst (*military service* und *alternative service*) und natürlich auch zu Ihrer *employment history*, also zu Ihren bisherigen Arbeitgebern:

- Are you currently employed?
- If yes, may we contact your current employer?
- Please describe past and present employment:

Hier werden neben Ihrer *position* und den damit verbundenen Pflichten auch Angaben zum Arbeitgeber inkl. Adresse und direktem Vorgesetzten erwartet sowie die Dauer der Beschäftigung und der Grund, warum man für dieses Unternehmen nicht mehr tätig ist. In der Regel wird auch angefragt, ob dieser Arbeitgeber oder Vorgesetzte als *referee* zur Verfügung steht.
Bei dieser Art von Formularen ist die Möglichkeit zur eigenen Formulierung gegeben. Nicht alle Formulare sind der-

art ausführlich und natürlich kann hier nur eingeschränkt auf diese Art der Bewerbung eingegangen werden. Jedoch ist dieses Verfahren gerade bei Online-Bewerbungen üblich, z. B. wenn Sie sich für ein bestimmtes Unternehmen interessieren. Auch wenn Sie Ihren Lebenslauf per E-Mail verschicken: Ist das Ausfüllen eines Bewerbungsformulars gefordert, dann tun Sie dies auch. Eine weitere Variante ist das Ausfüllen eines Formulars, wenn Sie sich gezielt in die Datenbank eines Unternehmens einstellen. Die auszufüllenden Felder sind weniger umfangreich als der Fragebogen, Sie sollten daher Ihre Qualitäten auf den Punkt bringen können. Dies gilt für externe wie für interne Datenbanken, also wenn Sie sich in Ihrem derzeitigen Unternehmen bewerben.

Make it work:

Laden Sie aus dem Internet Musterformulare herunter, um deren Ausfüllen zu üben, z. B. unter http://jobsearch.about.com.

2.5 Musterlebensläufe

Im Folgenden nun finden Sie zwei Lebensläufe, die Sie als Orientierungsmuster nutzen können. Weitere sinnvolle Tipps und Muster lassen sich an anderer Stelle finden, z. B. unter www.eresumes.com oder in einschlägiger Fachliteratur, die sich vornehmlich mit dem Thema Bewerbungsmappe beschäftigt (s. Anhang).

Zum einen sehen Sie hier den Lebenslauf von Anja Elsner, die sich auf die Stelle als *Guest Manager* bewirbt. Als zweites Beispiel finden Sie hier den Lebenslauf von Michael Grönefeld, der einen typisch deutschen Werdegang mit Aus- und Weiterbildung durchlaufen hat. Beide folgen den Vorgaben eines *international standard resume*.

Muster 1

Anja Elsner

Wohlwillstr. 25
20359 Hamburg, Germany
Phone: +49 40 235 6227
E-mail: anja_elsner@gmx.net

Date of Birth: 12 November 1983
Marital Status: single
Nationality: German

OBJECTIVE: Position as VIP-Guest Manager

WORKING EXPERIENCE

Myer's Hotel, Hamburg	Receptionist: ◆ Welcoming customers, dealing with suppliers, organising conferences and events	Apr 2006-present
Myer's Hotel, Hamburg	3-month work placement: ◆ Clerical work at reception, dealing with international guests	Jun-Sept 2005
Halton Hotel, Paris	3-month work placement: ◆ Preparing conferences and events	Jun-Sept 2004

EDUCATION

Euro Business College, Hamburg	Bachelor degree in Tourism and Event Management (3-year full time, 2.1)	2003-2006

	◆ Majored in marketing, hotel and travel management	
University of Sunderland, UK	Exchange semester ◆ Focus on international management and cultural events	Winter 2004-05
Borchert Gymnasium, Hamburg	A-levels in English (A), German (B), Maths (B)	June 2004

QUALIFICATIONS

Driving licence

SKILLS

Languages: German (native speaker), English, French (fluent), Spanish (working knowledge)

Computing: Microsoft Office (Excel, Word, Access, Outlook), Guest Tracker hotel management software

Interests: playing basketball, travelling, cooking

References:

Prof. John Laurie Dept. of Marketing University of Sunderland +44 (0) 191 515 2331 j.laurie@sunderland.ac.uk	Michaela Weber Myer's Hotel PO Box 25314 +49 (0) 40 233 554 m.weber@hh.myers.com

Muster 2:

Michael Grönefeld

Lohring 30
44791 Bochum, Germany
Phone: +49 234 337 143
E-mail: michael_groenefeld@web.de

Date of Birth: May 20, 1974
Nationality: German
Marital Status: married, 1 child

SUMMARY:

- Bachelor degree in Process Engineering
- Native speaker of German, fluent in English
- 4-year experience with Jansen Gears: designing and testing parts for car manufacturer Abel
- 5-year experience with Abel, coordinating work of a team of five process engineers

PROFESSIONAL EXPERIENCE

Abel, Essen — Process Engineer: — 2003/05–present

- Successfully negotiating with suppliers
- Developing sustainable solutions
- Optimizing processes

Jansen Gears, Bottrop — Process Engineer — 1999/05-2003/04

- Developing optimal processes for custo-

- Improving materials and compositions

EDUCATION

University of Applied Sciences, Aachen	Obtained a bachelor degree in Process Engineering (3-year full time + 6-month internship)	1995/09-1999/02
TBS 1, Bochum (Technical College)	Obtained university entrance certificate as a certified technician	1993/09-1995/06
EWG, Essen	Completed three-year apprenticeship as a Mechatroniker (i.e. in mechatronics)	1990/07-1993/06

QUALIFICATIONS

Clean driver's license
Certified in Occupational Health and Safety

SKILLS

Languages: German (native speaker), English (fluent)*
Computing: Microsoft Office, CAM, Lotus Notes, Metamodel
Interests: sailing, cycling, first aid instructor

*TOEFL test (score: 110,C1)

References available on request

Vokabeln und Redewendungen auf einen Blick

Vokabeln und Abkürzungen

A-levels (GB)	in etwa: Abitur
alternative service	Zivildienst
apprenticeship	Ausbildung
attend	besuchen (Schule)
bachelor: BSc, BA	Erster Uniabschluss
certified	staatlich geprüft
college	Fachschule
complete	abschließen
date of birth	Geburtsdatum
diploma	Schulabschluss
driving licence (GB)	Führerschein
education	Ausbildung
entry date	Eintrittsdatum
entry-level	Einstieg
fluent	fließend
GCSE (GB)	etwa: mittlere Reife
high school (US)	weiterführende Schule
interest	Hobby
major	(Studien-)Schwerpunkt
marital status	Familienstand
master: MSc, MA	zweiter Uniabschluss
military service	Wehrdienst
nationality	Staatsangehörigkeit
native speaker	Muttersprachler(in)
objective	Ziel
obtain	erlangen
PhD	Doktorgrad
place of birth	Geburtsort
proof	Nachweis
reference	Empfehlungsschreiben
resume (US)	Lebenslauf
secondary school (GB)	weiterführende Schule
summary	Zusammenfassung
testimonial	Arbeitszeugnis

training	Ausbildung
university entrance certificate	Hochschulzugang/ Fachabitur
vocational school	Berufsschule
work experience	Arbeitserfahrung
working knowledge	Grundkenntnisse

Redewendungen

☑ **Profil**

- X-year experience with … in …
- experienced in …
- successful negotiator …
- excellent communication skills
- structured approach to work
- background in …

☑ **Berufserfahrung**

- coordinating work of a team of …
- negotiating deals with …
- implementing improvement …
- achieved substantial cost savings in …
- completed project ahead of schedule
- working on sustainable solutions
- customising product specifications …

☑ **Ausbildung**

- equivalent to …
- obtained degree in … (3-year full-time)
- completed degree in … (three-year part-time)
- combined training in …
- vocational training in … / apprenticeship in …
- trained as … / apprenticed as …
- internship with … in …
- attended course in …
- with a major in …

3 Anschreiben

Anschreiben und Lebenslauf gehören zusammen und Sie sollten auf beide die gleiche Sorgfalt verwenden. Daraus ergibt sich auch, dass Sie im Anschreiben nicht einfach Informationen aus dem Lebenslauf doppeln dürfen, um Ihre Eigenwerbung zu unterstreichen. Vielmehr sollten sich beide Dokumente sinnvoll ergänzen: Ihr Anschreiben drückt vielmehr aus, warum Sie für das Unternehmen arbeiten wollen und warum Sie der richtige Kandidat oder die richtige Kandidatin sind – in wenigen, aber interessanten Sätzen, sozusagen als Appetithappen. Liest der *recruiter* das Anschreiben zuerst, muss er Lust auf Ihren Lebenslauf bekommen. Liest er den Lebenslauf zuerst, dann muss das Anschreiben als Ergänzung oder Zusammenfassung dessen dienen.

3.1 Struktur und Aufbau

Das Anschreiben, der *covering letter* (GB) oder *cover letter* (US), ist ein förmlicher Brief und unterliegt somit den Regeln für die *formal correspondence*.
Wichtig ist dabei die Adresse des Unternehmens oder der *recruiting agency* sowie Ihre eigene, es folgt dann die Anrede. Haben Sie eine Kontaktperson wie z. B. in der *Accounting*-Anzeige, dann können Sie diese anreden:

- Dear Ms Bingham (GB)
- Dear Mr. Johnson, (US)

Üblicher sind jedoch allgemeine Anreden, da Sie nicht wissen, wer das Anschreiben liest – das können weitere Mitarbeiter oder der *hiring manager* sein:

- Dear Sir or Madam
- Dear HR Manager
- To Whom It May Concern

Bewerben Sie sich intern bei einem Unternehmen, können Sie eventuell auch den Vornamen verwenden.
Dann folgt in der Regel die *reference*, z. B. Datum und Zeichen der Anzeige sowie Name der Zeitung oder Stellenbörse:

- Your advertisement in The Guardian Online, ref. no. XJ145
- Your advertisement in The Washington Post, ref. no. 34HQ

Auf diese Anzeige nehmen Sie dann Bezug:

- I have read your advertisement in with great interest …
- With reference to the advertisement above I would like to apply for the position of …

Bei einer *speculative application* oder einer Praktikumsbewerbung schreiben Sie dies auch in die Betreffzeile:

- Speculative application for an entry-level post in …
- Application for a place as an intern in …

Es folgt dann der Textkorpus, der aus nicht mehr als vier Absätzen zu je maximal vier Zeilen bestehen sollte.
Dieser beginnt mit einer Begründung, warum man diese Bewerbung schickt (Abschnitt 1):

- I have read your advertisement in The Guardian online with great interest.
- My interest in your advertisement in The Washington Post has prompted me to send you this application.

Zum Schluss drücken Sie die Hoffnung auf Kontaktaufnahme aus (Abschnitt 4):

- I am looking forward to hearing from you soon.
- Thank you for considering my application.
- If you desire further information, please let me know.

Üblich ist dabei auch, den Wunsch nach einem Gespräch zum Ausdruck zu bringen:

- I would like to discuss further details in an interview.
- I would be pleased to discuss my qualifications in an interview at a time convenient for you.
- I will be available for an interview from 2nd June.

Sie können ruhig selbstbewusst auf einen Gesprächstermin verweisen – schließlich bringen Sie damit die Ernsthaftigkeit Ihrer Bewerbung zum Ausdruck. Enden Sie mit einer positiven Schlussbemerkung:

- Thank you for your interest.

  Do not hesitate to contact me if you require further information.

Ähnlich der Anrede gibt es wiederum bestimmte Grußformeln für den Schluss:

- Dear Sir or Madam endet mit Yours faithfully (GB) oder Yours truly (US)
- Dear Ms Bingham endet mit Yours sincerely (GB), Dear Mr. Johnson mit Sincerely (US)

Ü1: Die folgenden Sätze sind durcheinander geraten. Bringen Sie die einzelnen Bausteine in die richtige Reihenfolge.

1. Thank / application / interest / my/ your / for / you/ in
2. with / advertisement / read / great / I / interest / have / your
3. I / for / as / to / a position / writing / am / a trainee / apply
4. I / pleased / will / my / discuss / an / qualifications / in / interview / be
5. I / to / am / your / reference / advertisement / with / writing

3.2 Anforderungen und Selbstdarstellung

Nachdem Sie nun Ihr Anschreiben in das korrekte Format gebracht und die Einleitung formuliert haben, geht es nun ans Eingemachte: Wie verkaufen Sie sich und Ihre Fähigkeiten (Abschnitt 2) am besten?
Sie können mit einem Verweis auf Ihre aktuelle Tätigkeit beginnen:

- I am presently employed in the German automotive industry.
- I am currently working for an internationally renowned consulting business.

Als Nächstes sichten Sie noch mal die Informationen, die Sie zur Stelle und zum Unternehmen haben. Daraus können Sie einen spezifischen Grund für Ihre Bewerbung ableiten:

- I have followed your developments in the field of automotive materials in the last few years.
- I am impressed by the position your company has accomplished in the Asian market.

Dies können Sie dann mit Ihrem Interesse verbinden:

- As I have profound experience in the field of process engineering, I would like to be considered for this post.
- This interest together with my strong qualifications have prompted me to send you my application.

Hier hilft ein Blick auf die Website, aber auch auf die konkrete Formulierung in der Stellenanzeige. Betrachten Sie erneut Ihren Lebenslauf: Aus welchen Punkten können Sie Beispiele ableiten, die Sie für einen potenziellen Arbeitgeber interessant klingen lassen? Nehmen Sie darauf Bezug:

- When I read your advert, I could not help noticing how well your requirements match my qualifications.

- As you can see from my CV, I will be able to contribute …
- As my resume clearly shows, I have proficient experience in …

So skizzieren Sie den Beitrag, den Sie für das Unternehmen leisten können (Abschnitt 3).

Make it work:

Im Anschreiben ist es von großer Bedeutung, dass Sie eine immer gleiche Standardbewerbung vermeiden, denn es sind genau diese Anschreiben, die zuerst im „*No*" Haufen landen. Wollen Sie die Stelle wirklich haben, machen Sie sich die Mühe, Ihre Bewerbung entsprechend zuzuschneiden. Da Sie sich in einem bestimmten Berufsfeld bewegen, müssen Sie nicht das komplette Anschreiben neu aufsetzen, aber bestimmte Formulierungen sollten auf die jeweilige Ausschreibung zutreffen. Sie sollten stets bedenken: Wenn Ihr Anschreiben so klingt wie das aller anderen Kandidaten, warum sollten dann Sie den Job bekommen?

Im Kern eines Anschreibens sollten drei Kategorien auftauchen: Sie sollten in der Lage sein, Ihre Fähigkeiten zu beschreiben (z. B. durch Tätigkeiten in Ihrem derzeitigen Job). Sie sollten auch Leistungen aus der Vergangenheit (frühere Tätigkeit, Praktika, Studium) vorweisen und erläutern können. Schließlich sollten Sie in der Lage sein, Ihren Beitrag und Ihre Erwartungshaltung bezüglich der neuen Stelle bzw. des neuen Unternehmens zu formulieren. Damit Ihnen dies sicher gelingt, benötigen Sie die richtigen Zeiten, um Ihre Formulierungen auf den Punkt zu bringen.

Fähigkeiten beschreiben

Wenn Sie Ihre Fähigkeiten und Erfahrungen beschreiben, dann gilt hier die korrekte Anwendung der Zeiten.

Bei aktuellen, derzeitigen Aufgaben verwenden Sie das *present continuous*:

- Currently I am working on ...
- In my current job I am leading a team of four.

Bei Fakten über sich selbst nutzen Sie das *present simple*:

- I am responsible for ...
- I live in Berlin.

Dies ist besonders wichtig, wenn Sie Aussagen über Ihre Fähigkeiten treffen, da Sie damit Ihre Eigenschaften beschreiben und nicht nur etwas, das zurzeit zu Ihrem Job gehört:

- I solve problems.
- I manage a team of four.

Sind Sie zurzeit nicht beschäftigt, dann legen Sie Wert auf andere Aktivitäten:

- I am currently attending a course on CAD.
- At the moment I am obtaining an SAP qualification.

Michael Grönefeld weiß aus der Anzeige bereits sehr genau, welche Fähigkeiten erwartet werden, und nimmt darauf in seinem Anschreiben Bezug, indem er Beispiele aus seinem Arbeitsumfeld anreißt:

- I see it as important to work on continuous improvement.
- I work on solving problems to improve our productivity.

Ü2: Verbinden Sie die Satzhälften so, dass Sie Aussagen zu Anja Elsner ergeben.

1. Currently, I am working on	a. organisation teams on events.
2. Although I enjoy my job, I	b. skills as a strong point.
3. I see my good communication	c. when they have requests.

4.	I assist our customers	d.	organising our event schedule for next year.
5.	I interface with external	e.	am looking for a position abroad.

Leistungen erläutern

Wenn Sie Leistungen aus Ihrem beruflichen Werdegang betonen möchten, tun Sie dies im present perfect:

- I have achieved some substantial savings.
- I have completed my project on schedule.

Bei Aspekten der Vergangenheit, bei denen der Zeitfaktor wichtig ist (z. B. in der Ausbildung) verwenden Sie das past simple:

- I finished school in 1994.
- I obtained my BA degree in 2002.

Beschreiben Sie hingegen einen Zeitverlauf in der Vergangenheit, dann benötigen Sie das past continuous:

- While I was doing my internship, I worked with ...
- While I was working for BCC, I learned ...

Wenn Sie in den Beruf zurückkehren oder zurzeit „*between jobs*“ sind, heißt das nicht, dass Sie auf keine Erfahrungen zurückblicken können.

- I have always kept myself informed about latest trends.
- After my son started Kindergarten, I was successful in working on a freelance basis for several customers.
- In my previous job I supported our restructuring process.

Ü3: Setzen Sie im folgenden Text von Anja Elsner die Verben in die richtige Zeitform:

When I ❶__________ (finish) university, I ❷____ already __________ (work) for Myer's Hotel in Hamburg which then ❸__________ (offer) me a full-time position. I ❹______ always__________ (interest) in working with people and I ❺____________ (teach) myself to work with standard software such as Guest Tracker.

Erwartungen formulieren

Wenn Sie über zukünftige Dinge reden, die gewiss sind, verwenden Sie die *going to*-Form oder das *present continuous*:

- I am going to obtain my degree in June.
- I am finishing my internship in September.

Versprechen und Möglichkeiten, also das, was Sie in der Lage sind zu leisten, drücken Sie mit *will* aus:

- I will be able to contribute …
- I will be available from October 1st.

Jutta Schneider bewirbt sich um eine Position als *Senior Accountant*: Von ihr wird also ein hohes Maß an Fachkompetenz und auch Führungsstärke erwartet. Sie entscheidet sich, generell zu skizzieren, wie ihr Beitrag dazu aussähe:

- I will be able to contribute my experience in leading a team.
- After consulting Chinese customers in Europe, I will welcome the opportunity to work in the Chinese market.

3.3 Bewerbung per E-Mail

Nun gibt es auch die Möglichkeit, sich per E-Mail zu bewerben. In der Stellenanzeige des *VIP-Guest Manager* ist dies sogar ausdrücklich erwünscht. Dabei gilt zunächst, dass Sie bei der Vorbereitung der Unterlagen ähnliche Sorgfalt walten lassen wie bei einer Bewerbung per Post.

Sie haben zwei Möglichkeiten: Sie können eine kurze E-Mail verfassen und auf Ihr *resume* und Ihren *cover letter* im Anhang verweisen. Oder Sie können das Anschreiben (und Ihren *CV*) direkt als E-Mail schreiben. Ihre E-Mail ist in jedem Fall förmlich und lässt die Postadresse des Empfängers weg – jedoch nicht Ihre eigene, die Sie als Signatur einbauen können.

Im ersten Fall sollten Sie beachten, dass die angehängten Dokumente für den Empfänger lesbar sein müssen. Außerdem sollten diese virusgeprüft und nicht veränderbar sein. Es empfiehlt sich dabei, Formate wie Acrobat zu verwenden. Befindet sich das Programm auf Ihrem Rechner, können Sie eine Verknüpfung mit Ihrem Word-Programm einrichten und eine Acrobat PDF-Datei als Option aus den Menüs „Drucken" oder „Speichern unter" erstellen. Diese sind von geringer Größe (gut, wenn Sie ein Foto mitschicken) und somit leicht zu versenden:

From: anja_elsner@gmx.net
To: gd@lloydsgabriel.co.uk
Date: 20 Sept. 2008
Subject: Application for post as VIP Guest Manager
Attachments: elsner_CV.pdf, elsner_letter.pdf

Dear Sir or Madam
I would like to apply for the position as VIP Guest Manager as advertised in The Guardian Online.
Please find my CV and my covering letter attached as PDF-files.

Kind Regards
Anja Elsner
[Signature]

Für den zweiten Fall gilt, dass diese Art den Vorteil hat, bestimmt gelesen zu werden – denn häufig werden Anhänge aus Angst vor Viren gar nicht erst geöffnet. Sie ermöglichen dem Empfänger ein direktes Lesen Ihrer Bewerbung, die Dokumente verlieren aber unter Umständen ihre Formatierung, je nachdem, mit welchen Darstellungsoptionen das E-Mail-Programm des Empfängers arbeitet. Dabei kombinieren Sie dann den oben dargestellten E-Mail-Teil mit dem Textkorpus eines formellen Anschreibens. Anschließend folgt der einkopierte Lebenslauf: Hier müssen Sie darauf achten, Formatierungen so darzustellen, dass sie vom E-Mail-Programm korrekt übermittelt werden können. Dies betrifft die Schriftart, den Zeileneinzug oder Tabulatoren.

Eine weitere Möglichkeit wäre, in der E-Mail auf eine eingestellte Website zu verweisen, auf der Ihre Dokumente im html-Format gespeichert sind. Auch dies ist eine Option, die Sie mit Hilfe Ihres Textverarbeitungsprogramms einfach erstellen können. Dies hat den Vorteil, dass Sie sich um Kompatibilität der Dokumente keine Gedanken machen müssen, sondern lediglich den entsprechenden Link einkopieren.

Wenn Sie sich in Bereichen bewerben, in denen Kreativität und oder technische Kenntnisse im Bereich Computer gefragt sind, dann ist die Erstellung einer eigenen Website ein ausgezeichnetes Instrument, um sich selbst erfolgreich zu präsentieren. Alternativ können Sie sich auch bei Websites einstellen, die es Ihnen ermöglichen, ein eigenes Profil zu erstellen. Sinnvolle Tipps hierzu finden Sie unter anderem auf www.eresumes.com.

Ü4: Setzen Sie in Jutta Schneiders Anschreiben die fehlenden Präpositionen aus der Liste ein.

by – for (2x) – from – in – of – to (2x) – with

Your company was brought ❶___ my attention ❷____ a former colleague of mine. The business ❸____ Wellington seems to fit perfectly to what I aim ❹____, as I have always been interested ⑤___ working in Asia. ⑥____ my background in Accounting and Consulting I will be able to contribute ⑦____ the success of your company. I will be available ⑧ ____ interviews ⑨_____ 2nd August on.

3.4 Musteranschreiben (mit Bezug auf Kap. 2.5)

Anja Elsner gleicht in ihrem (E-Mail-)Anschreiben die geringe Berufserfahrung durch ihre Auslandsaufenthalte und Studienschwerpunkte sowie ihre Softwarekenntnisse aus und bringt eine gute Einstellung zu ihrem Beruf mit:

From: anja_elsner@gmx.net
To: gd@lloydsgabriel.co.uk
Date: 20 Sept. 2008
Subject: Application for post as Guest Manager
Attachments: elsner_CV.pdf

Dear Sir or Madam

I would like to apply for the position as VIP Guest Manager as advertised in The Guardian Online.

I have obtained my degree in Tourism and Event Management with a major in hotel management and public relations. This fact together with my strong qualifications have prompted me to send you my application. As you will see from my CV, I have already gathered experience in working abroad during my placement in Paris; I am familiar with living in the UK and thus would enjoy the opportunity to work in London.

In my current job I am dealing with most of the tasks you have advertised, so I am confident that I will be able to contribute to your client's success in business. Working with our international guests and organising events for them, it has always been my aim to exceed our customers'

expectations and to make sure that they enjoy their stay and will become frequent guests of our hotel.
This attitude together with my comprehensive skills in relevant software such as Guest Tracker will surely be of benefit to the position you are offering.

Do not hesitate to contact me if you require further details.

I would welcome the opportunity for a job interview at a time convenient for you, either in person or on the phone.

Looking forward to hearing from you

Yours faithfully
Anja Elsner

Michael Grönefeld betont die Übereinstimmungen zwischen dem Unternehmen und seiner eigenen Arbeitsweise. Er erläutert überzeugend, warum er in den USA arbeiten möchte, und betont die Vertrautheit im Umgang mit US-amerikanischen Unternehmen:

Michael Grönefeld
Lohring 30
44791 Bochum, Germany
Phone: +49 234 337 143
E-mail: michael_groenefeld@web.de
May 27, 2008

To
Rick Johnson
HR Manager
REFAB, Inc.
1300 Oakland Rd
Newburg, MD 20664
USA

Dear Mr. Johnson,

Re: Advert for automotive & process engineers, Washington Post online 08/05

I have read your advertisement searching for engineers to work in automotive and process engineering with great interest.

As you can see from my enclosed resume, I am currently working for Abel, the German subsidiary of United Motors, in the field of process engineering, where I focus on solving problems in the industrial production especially when related to materials.

Therefore, and given my background in the automotive supply industry, I am sending this application and wish to be considered for the post mentioned. I have followed the development and expansion of Refab with interest and am impressed by the quality of your products. As I have repeatedly been to the headquarters of UM to successfully negotiate with some of our American suppliers, I have obtained sufficient knowledge about working in the US.

Thus I would welcome the opportunity to contribute my in-depth knowledge in process engineering and materials to the success and innovative qualities of Refab in several fields. As I am a native speaker of German, I would welcome the opportunity to interface with your German-speaking partners.

I would like to discuss in what way my skills may be of advantage to your company and will be available for an interview after June 3, 2008.

I am looking forward to hearing from you,
Sincerely,

Michael Grönefeld

Encl.

Redewendungen auf einen Blick

Anrede/Schluss
- Dear Sir or Madam /Dear Personnel Manager
- Yours faithfully (GB) / Yours truly (US)
- Dear Ms Bingham (GB) / Dear Mr. Johnson, (US)
- Yours sincerely (GB) / Sincerely (US)

Einleitung
- I am writing to apply for the position of …
- Hereby I would like to apply for the position of …
- Your company was brought to my attention by …
- I have read your advertisement with great interest …
- I wish to inquire about places for internships …
- I am writing to inquire about opportunities for …

Derzeitige Tätigkeit
- I am currently employed with …
- At the moment, I am working for …
- In my present job I am responsible for …
- Although I enjoy my current job, I am interested in …
- At the moment I am leading a project working on …
- I am currently attending a course on …
- I am studying … at …
- I am going to obtain my degree in …
- As I will be graduating from university soon …

Erfahrungen
- I have achieved to save …
- I have successfully managed a project on ...
- I have been able to implement …
- We have completed our project ahead of schedule.
- I have obtained profound knowledge on …
- I have been instructing fellow workers on how to use …

Fähigkeiten
- I am perfectly able to …
- I have sufficient experience in …
- I am well acquainted with …

- I will be able to contribute to …
- Your company will benefit from my experience in ...
- I have completed my degree in …
- I have focused on matters of …
- I am confident to …

Bezug auf das Unternehmen

- I have followed your activities with great interest.
- I have always been impressed by your performance in ...
- I would welcome the opportunity to work for a company with your innovative approach.
- After several internships with your company, I have come to closely identify myself with your work.

Um Interview bitten

- I will be available for interviews from … onwards.
- I would like to discuss my qualifications in an interview at a time convenient for you.
- I would be pleased to have a personal or telephone interview.
- I would welcome the opportunity to discuss how …

Positive Schlussbemerkung

- If you require further information, do not hesitate to contact me.
- I greatly appreciate your interest.
- Thank you for considering my application.
- I look forward to hearing from you soon.

Hinweis auf Anlagen

- As you will be able to see from my enclosed CV / resume …
- As requested, I have enclosed my …
- As my CV / resume clearly shows …
- Please find enclosed my CV / resume (letter).
- Please find attached my resume / CV and covering letter (e-mail).

4 Überzeugungsarbeit

Gratulation! Ihre Bewerbung hat die erste Hürde genommen: Sie haben eine Rückmeldung seitens des Unternehmens oder der Organisation bekommen, dass Ihre Bewerbungsunterlagen eingetroffen sind, und man plant, Sie zu einem Vorstellungsgespräch einzuladen.

Worum geht es nun in einem Vorstellungsgespräch?

Kurz gesagt, möchte das Unternehmen den besten Kandidaten für die Stelle finden. Dabei erwarten der *recruiter* wie auch der *hiring manager*, dass die Bewerber und Bewerberinnen sich in einem Vorstellungsgespräch überzeugend präsentieren und den guten Eindruck aus ihren Unterlagen unterstreichen. Auffassungsgabe und äußeres Erscheinungsbild sind dabei von nicht zu unterschätzender Bedeutung.

Für meine Coachings, in denen ich Kandidaten und Kandidatinnen auf solche Gespräche vorbereite, verwende ich dabei gerne ein Instrument, das ihnen hilft, diese Vorbereitungsphase strukturiert anzugehen: eine *Balanced Scorecard*. Bei diesem System, vom US-amerikanischen Wirtschaftswissenschaftler Robert S. Kaplan entwickelt, geht es ursprünglich darum, dass eine Firma gewisse Werte im Gleichgewicht halten muss, um in der eigenen Branche das beste Unternehmen zu werden: Das Ziel wird in die Mitte eingesetzt, die vier Werte bilden die Eckpfeiler.

In Anlehnung daran könnte man für den Bewerbungsprozess eine ähnliche Gleichung aufmachen:

- Welche Werte müssen bei einem Kandidaten im Gleichgewicht sein, um die beste Person für die zu besetzende Stelle zu finden?
- Welche Werte würden Sie in die vier Ecken der Scorecard einsetzen?

Eine sinnvolle Scorecard könnte dann wie folgt aussehen:

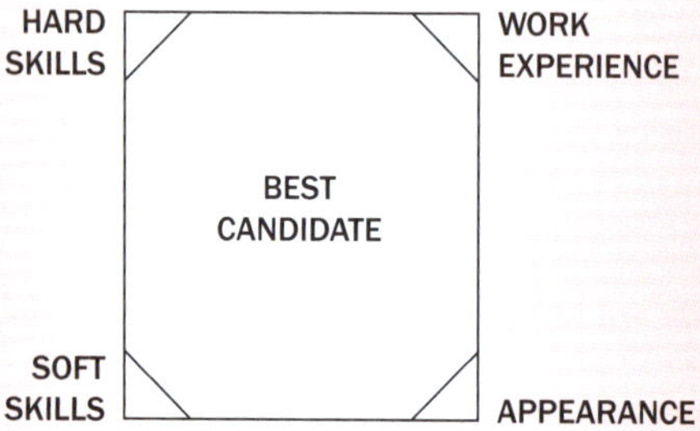

Jedem dieser Eckpfeiler lassen sich nun bestimmte Eigenschaften zuordnen, die Sie berücksichtigen sollten.

Ü1: Ordnen Sie für Jutta Schneider nun die aufgelisteten Punkte einer der vier Kategorien zu.

education – clothing – team player – working with accounting software – training with international company – neat and tidy – internship in the industry – well-groomed – pleasant voice – degree in accounting – previous employments – able to work under pressure – good communicator – ACCA qualification – specialised in international reporting – strong analytical skills

Sie können davon ausgehen, dass gute *recruiter* auf all diese Dinge achten. Die Gewichtung mag unterschiedlich sein, aber Sie sollten keinen dieser Aspekte außer Acht lassen – alle werden Ihnen dabei helfen, die Gegenseite von Ihrer Eignung zu überzeugen. Gleichzeitig formulieren Sie damit Ihre eigenen Erwartungen an die Stelle, da diese ja Ihren Kompetenzen und Ihrer Persönlichkeit entsprechen sollte. Die folgenden Kapitel beschäftigen sich nun im einzelnen mit diesen vier Eckpfeilern.

4.1 Fachkompetenz – *hard skills*

Unter *hard skills* fallen alle Ihre fachlichen Qualifikationen, also Ihr Abschluss, Kurse, die Sie zu bestimmten Themen besucht haben, und Schwerpunkte, die Sie in Ihrem jeweiligen Bereich haben. Diese Fachkompetenz haben Sie natürlich – unter Berücksichtigung dessen, was das Unternehmen oder die Organisation erwartet – bereits in *resume* und *cover letter* dargestellt. Im *job interview* werden nun Ihre Angaben hinterfragt, um herauszufinden, wie fundiert oder ausbaufähig diese Kompetenz ist. Nun müssen Sie in der Lage sein, diese anhand von überzeugenden Beispielen zu belegen. Betrachten Sie dazu noch einmal Ihre Unterlagen und wählen Sie geeignete Beispiele aus, die Sie ausführlicher darstellen. Dies sollten Sie schriftlich auf Englisch tun, da Ihnen dann die Präsentation im *job interview* leichter fallen wird:

- When I did my ACCA qualification, it really pushed my knowledge of international accounting standards ...
- My work as an internal auditor has enabled me to improve my analytical skills, especially when working with ...

Wenn Sie am Anfang Ihrer beruflichen Laufbahn stehen, dann überlegen Sie, welche Schwerpunkte Sie in Ausbildung und Studium gelegt haben und Sie besonders interessieren. Auch hieraus kann man eine Begabung und somit eine anfängliche Kompetenz und Eignung ablesen:

- The IT-skills that I learned during my internship will help me to ...
- When I studied accounting, I took great interest in ... and so I believe that I am able to ...
- In my year abroad I learned a lot about international management styles ...

Hier gilt es natürlich auch, den Nutzen Ihrer Kompetenz für das Unternehmen zu verdeutlichen: Sie zeigen damit, dass Sie einen wichtigen Beitrag leisten können und ergo der oder die Richtige für den Job sind. Verwenden Sie also hier eine zweigeteilte Satzkonstruktion: In Teil eins wird die Fähigkeit formuliert:

- I am able to …
- I have strong skills in …
- I have obtained in-depth knowledge in …

In Teil zwei wird dann der Nutzen für das Unternehmen formuliert:

- This will be very useful in this job …
- I am able to contribute …
- This will be of advantage when working with …

Da Sie in der Lage sein müssen, andere von sich zu überzeugen, sind Satzanfänge hilfreich, mit denen Sie Sicherheit und Selbstvertrauen ausdrücken können. Sehen Sie sich dazu die folgende Skala an:

Sehr wahrscheinlich:	I'm very certain that … I'm quite confident that … I will be able to … I think that … I do expect that …
Wenig wahrscheinlich:	I could imagine that … I might be able to … I shouldn't think that … I doubt if …

Achten Sie also darauf, vornehmlich Phrasen aus der oberen Hälfte zu verwenden und Ihr Licht nicht durch zu höfliche Ausdrücke unter den Scheffel zu stellen. Sie müssen schließlich berücksichtigen, dass der *recruiter*, der Sie nicht kennt, nicht wirklich unterscheiden kann, ob Sie nur zu bescheiden sind oder wirklich unzureichende Erfahrung haben.

Wenn Sie nicht an sich glauben, wie soll dies Ihr Gegenüber tun?

Ü2: Bilden Sie nun aus den Satzhälften sinnvolle Aussagen über die Fähigkeiten von Jutta Schneider.

1. I'm quite confident that my experience in	a. as a team leader and I'm looking forward to it.
2. I do expect that I will work well	b. improved process for your internal audit.
3. I think that I will get	c. working in the manufacturing industry will help to understand your business.
4. I could imagine that	d. familiar with national accounting rules fairly quickly.
5. I will be able to devise an	e. I would contribute a lot of knowledge on IFRS.

Make it work:

Im Englischen unterscheidet man beim Begriff „Fähigkeiten" zwischen *skills*, dem, was man gelernt hat, und *abilities*, dem, was man als Person einbringt. Daher hat *I am able* in der Regel mehr Gewicht als *I can*. Formulierungen wie *I have learned* sind wichtig, um die eigene Fähigkeit, sich Fähigkeiten anzueignen, zu unterstreichen.

4.2 Berufserfahrung – *work experience*

Dieser Eckpfeiler ist eng verknüpft mit den *hard skills*, nicht zuletzt deshalb, da man sich ja Kompetenz in der Regel

durch Berufserfahrung erwirbt. Hier geht es jedoch mehr darum, Erfolge aus der eigenen Vergangenheit zu zitieren. Wie bereits in Kapitel 2 erwähnt, kann es durchaus sein, dass ein ehemaliger Arbeitgeber oder Ausbilder dazu kontaktiert wird. Ihr beruflicher Werdegang ist zwar bereits Bestandteil Ihres *resume* – jedoch müssen Sie auf Rückfragen gefasst sein. Abhängig von Ihrer bisherigen Laufbahn zielen diese auf unterschiedliche Bereiche ab: bei Anfängern zwangsläufig mehr auf Erfahrung, die man im Studium und in Praktika gesammelt hat. Bei internen Bewerbungen mag es mehr Fragen zur bisherigen Tätigkeit geben. Anknüpfungspunkte werden jedoch stets die Interessen des zukünftigen Arbeitgebers sein.
Vergegenwärtigen Sie sich an dieser Stelle erneut die Möglichkeiten, über Ihre eigene Vergangenheit zu sprechen, denn im Vorstellungsgespräch werden Sie kaum Möglichkeit erhalten, diese zu korrigieren:

- I worked for Finance Associates for five years.
  past simple = finished action
- While I was working there, I did my ACCA qualifications.
  past continuous = processes in the past
- These have helped me to build my knowledge on IAS.
  present perfect = past results linked to present

Bereiten Sie hierzu Beispiele vor. Die folgende Übung zu Michael Grönefeld zeigt Ihnen nicht nur, wie Sie eine Problemlösung skizzieren können, sondern testet zugleich Ihre Zeitenkenntnis.

Ü3: Setzen Sie die Verben in Klammern in die richtige Zeitform.

Last year, I ❶________ (work) on a project to increase our productivity by 10%. However, we ❷________ (not want) to end up with higher costs. We ❸________ (begin) by gathering data on our manufacturing process and

❹__________ (identify) tasks that could be reduced or removed. I ❺_____ (be) very proud of our team achieving this in only half a year. We ❻________ (benefit) from the results since the beginning of this year when the new system ❼_________ (start).

Häufig wird Arbeitssuchenden über 40 das Vorurteil entgegengebracht, Sie seien nicht mehr flexibel genug, um sich auf neue Umstände einzustellen und neue Prozesse zu lernen. Lassen Sie diesen Gedanken erst gar nicht aufkommen, sondern nutzen Sie Beispiele aus Ihrem beruflichen oder privaten Alltag, um dem direkt am Anfang entgegenzusteuern:

- I always check if there is any new software available that will be useful in streamlining our processes.
- Last year, my wife and I decided to take on a new sport and we started rowing.
- I have always enjoyed cooking Asian food, so I attended a course to improve my sushi-making skills.

So können Sie beiläufig demonstrieren, dass Veränderungen in Ihrem Leben willkommen sind, Sie sich auf neue Gegebenheiten gut vorbereiten und Lernen ein fester Bestandteil Ihrer Persönlichkeit ist.

4.3 Verhaltenskompetenz – *soft skills*

Dies ist ein Bereich, der in deutschen Bewerbungen häufig noch zu kurz kommt. Schon in den Stellenanzeigen wird nach wie vor mehr Wert auf die *hard skills* und die *experience* gelegt. Dies ist international jedoch schon lange nicht mehr der Fall. Im Gegensatz zur klassischen Haltung, dass man sich einen Beruf aussucht und schlicht die dafür notwendigen Fähigkeiten erwirbt, geht man im internationalen *recruiting* verstärkt davon aus, dass jeder Mensch über ein Set an Eigenschaften verfügt und nur dann wirklich gut in einem Job werden kann, wenn dieser der eigenen Persönlichkeit nahe kommt. Daher erstellt man, ähnlich der *Balanced Scorecard*, ein Bewerberprofil. Anders gesagt, befasst sich der gesamte Bereich des *profiling* damit, genau diese Schnittstellen zu erarbeiten. Dies gilt längst nicht mehr nur für Führungspositionen: Wenn ein Unternehmen Mitarbeiter auf solche Posten vorbereiten will, dann müssen solche Instrumente bereits früher eingesetzt werden. Dies zeigt sich z. B. in *assessment centres* und *trainee programmes* für Absolventen wie auch in Entwicklungsprogrammen für Mitarbeiter (z. B. für *high potentials*, besonders förderungswürdige Mitarbeiter).

Die Frage, die wir eingangs schon bei der Jobsuche gestellt haben, lautet an dieser Stelle: Wie gut kennen Sie sich selbst? Und wie gut können Sie dies auf Englisch darstellen? Dazu finden Sie im Internet einige recht sinnvolle Tests, die psychologischen Eignungstests für Bewerber ähneln (und das ist etwas, das im Laufe Ihrer Bewerbung durchaus auf Sie zukommen kann und wird) und damit ein geeigneter Selbsttest sind. Ein gutes Beispiel ist der Jung Type Test von Human Metrics. Dieser hilft Ihnen durch Gegensatzpaare zu Eigenschaften und entsprechenden Fragen, Ihren eigenen Typ zu definieren, wenn es um Ihre Arbeitsweise und Ihr Verhalten am Arbeitsplatz geht:
http://www.humanmetrics.com/cgi-win/JTypes2.asp

T1: Welche soft skills werden durch die folgenden Aussagen abgefragt?

1. “You are hardly ever late for appointments.”
2. “You know how to make use of every minute of your time.”
3. “You usually plan your actions in advance.”

4. You are a person who is distant and reserved in communication."
5. "The more people you speak to the better you feel."
6. "You enjoy being the centre of things."
7. "You think that almost anything can be analysed."
8. "You like to keep the tabs on the progress of things."
9. "You often spend time on thinking how to improve things."
10. "Your decisions are based more on emotions than on careful planning."

Soft skills wie Teamfähigkeit, Organisationstalent, Zeitmanagement oder Kommunikationsfähigkeit können durch solche Profilfragen ermittelt werden. Solche Aussagen können auch – sofern Sie positiv, zutreffend und angebracht sind – von Ihnen umformuliert im Gespräch eingebracht werden. Vergessen Sie dabei nicht den *personal touch*, um Ihre Aussage glaubwürdig zu machen:

- I like to keep tabs on the progress of things to make sure that projects meet their results. For example, when we installed our new software last year ...
- I usually plan actions in advance to avoid a too high stress load on the people involved in a project. So, ...

Nützlich sind dabei auch *adverbs of frequency* wie *always*, *usually*, *hardly* usw., die beschreiben, wie häufig Sie etwas tun: Denn ob Sie etwas regelmäßig als Teil Ihrer Arbeitsroutine erledigen oder eher selten, beeinflusst die Meinung über Sie.

Ü4: Wählen Sie aus den folgenden Sätzen das richtige Adverb, um eine positive Aussage über sich zu treffen.

1. I am **always** / **never** / **usually** late for meetings.

2. I **never** / **hardly** / **regularly** check for updates.
3. I **sometimes** / **usually** / **rarely** plan in advance.
4. I **often** / **normally** / **never** get angry with people.
5. I **always** / **seldom** / **never** get to work a little early.

Ihre *soft skills*, das heißt die Eigenschaften, die verstärkt Rückschlüsse auf Ihre Persönlichkeit zulassen, können Sie jedoch nur eingeschränkt in Ihrem *CV* oder Ihrem *cover letter* darstellen. Daher gilt es, gerade das *job interview* als Plattform zu nutzen, um Ihre Führungsqualitäten, Ihre Teamstärke, Ihr Organisationstalent oder Ihre Kreativität unter Beweis zu stellen. So können Sie Ihre Persönlichkeit und damit auch Ihre persönliche Eignung ins rechte Licht rücken.

Nach Übereinstimmungen suchen

Dabei sollten Sie bedenken, dass ein Unternehmen nicht nur juristisch als Person gilt: Für Ihre Überzeugungsarbeit sollten Sie sich das Unternehmen gleichfalls als Person vorstellen, für die bestimmte Werte gelten. Wenn Sie diese Werte ermittelt haben, können Sie diese mit Ihrer eigenen Werteskala vergleichen: Je mehr Übereinstimmungen vorhanden sind, umso größer sind Ihre Chancen
a) die Stelle zu bekommen und
b) sich in diesem Unternehmen wohl zu fühlen.

Dabei ist es unerlässlich, möglichst viele Informationen über das Unternehmen oder die Organisation, bei der Sie sich bewerben, zu sammeln und dabei auch zwischen den Zeilen zu lesen.

Die Homepage von Refab North America, bei dem sich Michael Grönefeld bewirbt, legt großen Wert auf Begriffe wie: *powerful, premium, advanced, efficient, discover, trends* und *innovations*.

Hier finden sich also die Schlüsselwerte des Unternehmens: Progressivität und Innovation, Initiative und Effizienz. Die visuelle Gestaltung der Website verstärkt den Eindruck von Zukunftsorientiertheit und Technologie noch. Auf der Startseite zu „*Automotive*“ stößt man auf Begriffe wie *full-service*, *aftermarket* und *unlimited*: Hier werden also Kundenservice und Betreuung in den Vordergrund gerückt, die Kernidee ist, „alles aus einer Hand“ anzubieten.

Natürlich sollten Sie auch weitere Websites aufrufen, auf denen Sie Informationen, Berichte oder gar Bewertungen der Organisationen finden. Dies ist besonders dann von Vorteil, wenn die Stellenbesetzung über eine Personalagentur läuft, wie dies bei dem *VIP-Guest Manager*, auf den sich Anja Elsner bewirbt, der Fall ist: Da die Website von Lloyds Gabriel recht aussagearm ist, besucht sie eine Website (www.indeed.co.uk), die alle Stellenangebote der Agentur zugänglich macht und einige Rückschlüsse auf deren Kundenstamm zulässt.
Eine Häufung von Wörtern wie *leading*, *superb*, *brilliant* und *excellent* und die Betonung, dass es sich stets um abwechslungsreiche Tätigkeiten handelt, lässt vermuten, dass es sich nicht nur bei den Kunden um Unternehmen aus der Medien- und Werbebranche handelt, sondern dass die Agentur selbst die Eigenwerbung erfolgreich beherrscht. Eine ähnlich offensive Selbstdarstellung wird man also auch von den Bewerbern erwarten.

Ihre Verhaltenskompetenz sollte demnach Schnittstellen formulieren. Wird z. B. Wert auf *team play* und *leadership* gelegt, dann können Sie dies durch einen Verweis auf Ihre Interessen unterstreichen. Einer meiner Teilnehmer nahm dafür das Beispiel Basketball, ein Teamsport, der sich durch Reaktionsschnelle auszeichnet, und erwähnte, dass er die Position des *Center* spiele, also desjenigen, der organisiert und die Bälle verteilt. Durch dieses Beispiel wird Ihre Selbstaussage glaubwürdiger:

I play basketball because it is a challenging game where you need to react quickly. I usually play the center part where it is my task to pass the balls and organise our forward play.

Hier werden in einem Beispiel rasche Auffassungsgabe, die Lust an Herausforderungen sowie Organisationstalent, Führungsstärke und Teamfähigkeit gleichzeitig präsentiert.

Ü5: Bilden Sie aus den folgenden Adjektiven Gegensatzpaare.

1. outgoing	a. trusting
2. dominant	b. enthusiastic
3. analytical	c. ambitious
4. reliable	d. practical
5. concerned	e. distant
6. sincere	f. willing
7. critical	g. risk-taking
8. demanding	h. intuitive
9. cooperative	i. determined
10. creative	j. supportive

Überlegen Sie nun, welches Adjektiv aus einem Paar eher auf Sie zutreffen würde.

Make it work:

Üben Sie keine versteckte Selbstkritik! Im Gespräch werden häufig unbewusst Verkleinerungsformen oder negative Formulierungen verwendet:

I learned only a bit about ...
I have only little experience in ...
I speak English not that well ...

Das ist riskant, da Sie damit Mängel signalisieren. Formulieren Sie solche Sätze wie folgt:

I learned a few important things about ...
I have some experience in ...
I speak English fairly well.

4.4 Erscheinungsbild – *appearance*

Zum Auftreten und zum Erscheinungsbild gehören Körpersprache, Verhalten und Stimme sowie Kleidung, gepflegtes Äußeres usw. Die einzige Möglichkeit, die Sie in Ihren Unterlagen haben, um Ihr Erscheinungsbild zu präsentieren, ist ein Foto. Dies wird aber (siehe Kapitel 2) nicht bei allen Bewerbungen vorhanden sein. Bei eventuellen Vorabkontakten per Telefon kommt zwar Ihre Stimme zum Einsatz, jedoch werden Sie nicht immer mit den Personen Kontakt haben, denen Sie später im Vorstellungsgespräch gegenübersitzen. Ihr Auftreten und Ihr Erscheinungsbild wird letztendlich nur in seltenen Fällen über Ihre Anstellung entscheiden, wird aber das Urteil über Ihre Person maßgeblich beeinflussen und damit Auswirkungen auf die Entscheidung für oder gegen Sie haben. Eine positive Ausstrahlung gibt nicht nur Ihnen Sicherheit, sondern auch dem Gegenüber.
Bei internationalen Vorstellungsgesprächen gilt das Beachten von so genannten *dress codes*. Sehen Sie sich die folgenden Definitionen an:

T2: Welcher dieser dress codes wäre Ihrer Ansicht nach für ein job interview der passende?

Black tie (very formal): bow tie and dinner jacket for men, long evening dress for women

Evening wear (formal): cocktail dress for women, dark suit and tie for men

Business dress (professional): suit and tie for men, suit with skirt or trousers for women

Business casual (relaxed): jacket and trousers for men, suit not obligatory; jacket and trousers, dress or skirt for women

Casual (comfortable): relatively free choice, but no jeans, shorts, or T-shirts, sports shoes or sandals

Die meisten Kandidaten werden sich für *business dress* entscheiden, um ihre Professionalität zu unterstreichen. Bei der Auswahl Ihrer Kleidung sollten Sie aber noch einige weitere Punkte berücksichtigen:

Dress for success – einige Tipps

- Tragen Sie Kleidung, in der Sie sich wohlfühlen und die Ihnen gefällt: Eine Verkleidung wird Ihrer *performance* im *interview* eher abträglich sein, da Sie eine andere Person vorgeben und Ihr Unbehagen sichtbar wird.
- Berücksichtigen Sie die Stelle, auf die Sie sich bewerben: Sind bei Führungskräften hochwertige Anzüge ein Muss, kann dies an anderer Stelle leicht zu *overdressed* führen, z. B. bei Praktika.
- Das deutsche Kostüm (im Sinne von Jackett mit passendem Rock) heißt auf English ebenfalls *suit* und nicht *costume*: Letzteres ist nur für Karneval und Halloween geeignet.
- Auch wenn Jeans in Deutschland mittlerweile zum *business casual* dazu gehören, dürfen Sie dies nicht für alle Länder und Unternehmen annehmen.
- Achten Sie bei mehrtägigen Veranstaltungen, z. B. *Assessment Centern* darauf, auch für Freizeit und Abendessen entsprechend gekleidet zu sein.
- Zum Erscheinungsbild gehört auch das gepflegte Äußere, ein heikler, da persönlicher Aspekt. Schauen Sie sich wenn möglich die Mitarbeiter und Mitarbeiterinnen des Unternehmens an, entweder live oder auf der Website, und ziehen Sie daraus Rückschlüsse auf die Erwartungshaltung des Unternehmens.

Stimme und Körpersprache

Neben Ihrer Kleidung werden Ihre Stimme und Ihre Körpersprache eine weitere entscheidende Rolle spielen. In Kommunikationstrainings werden Teilnehmer häufig mit drei Zahlen konfrontiert, wenn es darum geht, wie wir den Auftritt einer Person bewerten: **55 % / 38 % / 7 %**

Zu 55 % entscheidet die Körpersprache – wozu auch der Blickkontakt gehört – ob uns jemand überzeugt, es folgt mit 38 % die Stimme und mit 7 % die eigentliche Wortwahl. Dies mag Sie etwas beruhigen, was Ihre Fähigkeiten zur englischen Konversation angeht (trotzdem dürfen Sie diese nicht außer Acht lassen), heißt aber, dass Sie sich mit der Körpersprache und der Stimme vorab eingehend beschäftigen müssen. Bei diesen zwei Faktoren unterscheidet sich die eigene Wahrnehmung von der Außenwahrnehmung durch andere äußerst stark. Wie kann man also seine eigene Wirkung prüfen?

Nehmen Sie zunächst Ihre eigene Stimme auf Band auf. Nutzen Sie dazu die vorbereiteten *statements* und tragen Sie diese vor – lesen Sie sie nicht nur laut, sondern verhalten Sie sich wie in einem Vortrag. Achten Sie dabei auf Lautstärke, Tonfall, Akzent und Aussprache, aber auch auf Deutlichkeit und Bestimmtheit. Sind Sie von sich selbst überzeugt? Wenn nicht, wiederholen Sie dies so lange, bis dies der Fall ist. Diese Übung gibt Ihnen auch sprachliche Sicherheit, denn viele „Ähs" und „Mhms" oder stockende Sätze erschweren das Zuhören. Tragen Sie dann einem Menschen mit guten Englischkenntnissen vor, der Ihnen ein Feedback auch zu Ihrer Intonation gibt. Achten Sie darauf, dass im Englischen Betonungen im Satz anders gelegt und auch Pausen anders gesetzt werden. Im Englischen werden gern Wörter zu einem zusammengezogen (*contraction*) und die Pause ist nicht nach Ende eines Satzteils, z. B. vor *because*, sondern danach.

Ü6: welche Wörter würden Sie in den folgenden Sätzen betonen? Wo würden Sie eine Pause machen?

1. I always check if there are new materials available that will be useful for improving our processes.
2. I see it as quite important to make people understand what exactly they have to do.
3. I usually plan milestones in advance to avoid a too high stress load on the people involved in a project.

Auch Ihre Körpersprache soll Selbstvertrauen, Professionalität, Erfahrenheit und Begeisterung ausstrahlen. Und – tut sie das? Wie beobachtet man seine Körpersprache? Was Hände und Beine angeht, ist dies weniger schwierig – jedoch bin ich in meinen Präsentationsseminaren immer wieder überrascht, wie wenig Menschen ihre Körpersprache reflektieren. Dies beginnt beim Unvermögen, aufrecht zu sitzen und endet beim Klimpern mit Schlüsseln in der Hosentasche. Wenn Sie die Möglichkeit haben (und sei es mit Hilfe Ihres Fotohandys oder Ihrer PC-Kamera) sich aufzunehmen, dann tun Sie das. Sie werden überrascht sein. Bitten Sie gute Freunde oder Kollegen um ein ehrliches Feedback. Denken Sie daran: Bevor Sie auch nur ein Wort auf English sagen, spricht Ihr Körper bereits. Die folgende Übung hilft Ihnen dabei, auf ein paar wesentliche Punkte zu achten:

Ü7: Verbinden Sie die Satzhälften zu sinnvollen Tipps zur Körpersprache!

1. Make regular eye contact! If you avoid	a) forth, you are making other people nervous, too!
2. Sit upright! If you slouch,	b) statements – not to play with your pen.
3. Address people directly!	c) means you are distancing yourself from other people.
4. Don't cross your arms – this is	d) looking people in the eye, they will think you are lying.
5. Sit still! If you are swaying back and	e) Addressing the table won't get you a job!
6. Don't lean back as this	f) you signal disinterest, not relaxedness.
7. Use your hand to underline your	g) seen as defending yourself.

Vokabeln und Redewendungen auf einen Blick

Vokabeln

☑ Adjektive

address	anreden
ambitious	ehrgeizig
analytical	analytisch, scharfsinnig
committed	engagiert
concerned	besorgt
demanding	fordernd, anspruchsvoll
determined	entschlussfreudig
enthusiastic	begeisterungsfähig
harmonious	harmonisch
outgoing	aufgeschlossen
pleasing	zuvorkommend
powerful	kraftvoll
practical	pragmatisch
reliable	zuverlässig
reserved	reserviert
risk-taking	risikofreudig
sincere	ernsthaft
slouching	krumm sitzend
supportive	hilfsbereit
swaying	schaukelnd
thoughtful	nachdenklich
trusting	vertrauensvoll
willing	bereitwillig

☑ Adverbien der Häufigkeit

100	always	immer
	usually	für gewöhnlich
	normally	normalerweise
	regularly	regelmäßig
	often	oft
	sometimes	manchmal
	occasionally	gelegentlich
	rarely/seldom	selten
	hardly	kaum
0	never	nie

Selbstvertrauen ausdrücken

- I'm quite confident that …
- I will definitely be able to …
- I'm sure that my experience in …
- I believe I will be able to …
- I expect that my knowledge about …
- I can imagine that my skills in … will be very useful.
- My experience in … will surely help to build …

Errungenschaften beschreiben

- I have learned to …
- I have been able to …
- I was very proud of the fact that …
- We managed to achieve …
- My team and I worked very well on this …
- This experience has helped me to understand …
- This project has enabled me to …
- We managed to achieve all targets.
- We were successful in completing all tasks.

Persönlichkeit beschreiben

- I have always been very interested in …
- I see it as my greatest strength that …
- My skills in … will be of great advantage …
- I always check if there are new developments in …
- I usually plan projects well in advance.
- To solve a problem, I break it down into small steps.
- I keep tabs on projects to be able to …
- I find it most important to support other people …
- I am used to working independently …
- I always listen to other people's ideas …
- I enjoy working in a team because …

5 Vor dem Vorstellungsgespräch

Jetzt sind Sie für das eigentliche Vorstellungsgespräch gewappnet. Doch auch hier gilt eine akribische Vorbereitung Ihrerseits. Dazu möchte ich Sie zunächst mit den einzelnen Abschnitten eines solchen *job interviews* bekannt machen.

Ü1: Bringen Sie die folgenden Abschnitte eines Vorstellungsgesprächs in die richtige Reihenfolge.

1. ___ 2. ___ 3. ___ 4. ___ 5. ___ 6. ___ 7. ___

a. Interviewer thanks candidate and talks about future procedure
b. Interviewer asks candidate regarding his/her knowledge about company
c. Interviewer describes own view of company and position
d. Interviewer has a more in-depth discussion with candidate
e. Candidate has opportunity to ask own questions
f. Interviewer picks up candidate from reception
g. Interviewer takes candidate through CV and past employments

Das *job interview* kann unterschiedliche Formen annehmen. Üblicherweise haben Sie ein erstes Gespräch, in dem Ihre Eignung (*aptitude*) und Ihre Fähigkeiten (*skills*) abgefragt werden. Die erfolgreichsten Kandidaten kommen dann auf eine *short list*, also in die engere Auswahl, und werden zu einem zweiten Gespräch eingeladen. Hier geht es auch darum, ob der Bewerber in die Unternehmenskultur passt und wie er oder sie sich in kniffligen Situationen verhält. Bei Bewerbungen innerhalb eines Unternehmens oder bei Praktika ist häufig nur ein Gespräch üblich.

5.1 Kontaktaufnahme und Terminvereinbarung

Die Kontaktaufnahme kann in beide Richtungen geschehen: Zum einen haben Sie die Möglichkeit, detailliertere Informationen zum Unternehmen oder zur Stelle einzuholen, wie wir in der Annonce von Wellington gesehen haben. Zum anderen kann das Unternehmen mit Ihnen Kontakt aufnehmen, zum Beispiel um einen Vorstellungstermin zu vereinbaren oder ein erstes Sondierungsgespräch mit Ihnen zu führen. In beiden Fällen wird – gerade mit dem Ausland – das Telefon die hauptsächliche Kommunikationsform sein. Durch eigenes Nachfragen per Telefon können Sie einen ersten Kontakt zum Unternehmen herstellen. Dies ist nicht nur bei Bewerbungen auf eine bestimmte Stelle interessant, sondern auch bei der Bewerbung auf (mögliche) Praktikumsplätze und besonders bei Initiativbewerbungen. Wenn Sie im Vorfeld einer Bewerbung anrufen, stellen Sie sich kurz vor:

- Good morning Ms Bingham, my name is …
- Good afternoon Mr. Johnson, this is …

Tragen Sie dann kurz Ihr Anliegen vor:

- I'm calling you because …
- I read your advert on the Guardian online.
- I'm interested in applying for the position of …
- I wonder if you offer work placements in the area of …

Haben Sie Ihre Unterlagen bereits abgeschickt, können Sie auch konkrete Fragen zu Ihrer Bewerbung und zum Prozedere stellen:

- I'd like to inquire the status of my application which I sent last week.
- I was wondering if you've received my application for …
- I'd like to know when you'll decide on candidates for an interview.

Im umgekehrten Fall werden Sie möglicherweise angerufen, um den Termin für ein persönliches Gespräch zu vereinbaren. Wenn Sie am Telefon plötzlich auf Englisch angesprochen werden, geraten Sie nicht in Panik. Antworten Sie zunächst mit:

- Hello Ms Bingham, this is …
- Good morning, yes, this is … speaking.

Dies signalisiert dem Gegenüber, dass er oder sie die richtige Person am Apparat hat, und hilft Ihnen, vom Deutschen ins Englische zu wechseln. Atmen Sie tief durch und hören Sie gut zu. In der Regel können Sie ein, zwei einleitende Sätze zu Ihrer Bewerbung erwarten:

- You've applied for the position of …
- We were quite impressed by your application for …
- We've finished drawing up a list of people …

Dann folgt die eigentliche Einladung:

- We'd like to invite you for an interview on …
- We'd like to have a personal talk with you about your application …

Dazu gibt es dann konkrete Infos oder Rückfragen zum Termin:

- Would Monday 7 March at 11am suit you?
- We're holding interviews on April the 2nd and 3rd. Would any of these days be convenient?

Antworten Sie, nachdem Sie Ihren Terminkalender überprüft haben – wenn Sie später feststellen, dass Sie an diesem Termin doch nicht können, bedeutet eine Änderung für alle Seiten zusätzlichen Aufwand:

- Let me check my diary ... yes, that'll be fine.
- One moment please, I've to check that ... well, the second would be better.

Wenn Sie aus triftigen Gründen den angebotenen Termin nicht wahrnehmen können, dann bitten Sie um einen Alternativtermin:

- I'm sorry, but I'm at a conference then. Could we make it one day later?
- I'm sorry, but I've to sit an exam that morning. Could we make it the afternoon instead?

Denken Sie ebenfalls daran abzuklären, wo das Ganze stattfinden soll:

- Where will the interview take place?
- I take it you will hold the interviews at your office?

Sie werden in der Regel eine schriftliche Bestätigung des Termins erhalten, sei es per Brief oder per E-Mail. Kommt auch die Einladung zum Gespräch per E-Mail oder Brief, ist eine schriftliche Antwort möglich, eine Antwort per Telefon kann diese jedoch ersetzen oder sinnvoll ergänzen, da man so Missverständnisse vermeiden und Details direkt abklären kann.

Auch das erste Gespräch kann per Telefon stattfinden: Wie Sie sich sicher vorstellen können, ist gerade bei Bewerbungen im Ausland ein erstes Gespräch per Telefon durchaus gang und gäbe, bevor man einen Kandidaten oder eine Kandidatin zu einem Gespräch vor Ort einlädt, was für das Unternehmen mit erheblichen Kosten verbunden ist. Bereiten Sie sich deshalb auf ein Telefoninterview genauso gründlich vor wie auf ein Vorstellungsgespräch. Die folgenden Tipps helfen Ihnen dabei.

Making contact: Telefoninterviews

- Bereiten Sie stichpunktartig Antworten auf typische Fragen vor und legen Sie diese neben das Telefon.
- Bereiten Sie zusätzlich eigene Fragen schriftlich vor.
- Legen Sie auch Ihre Unterlagen (*resume, cover letter, job ad*) neben das Telefon.
- Setzen Sie sich hin wie in einem persönlichen Gespräch – man kann auch Haltung hören.
- Es kann helfen, sich wie für ein Vorstellungsgespräch zu kleiden, da Sie dann automatisch in die Rolle des Bewerbers schlüpfen.
- Da Ihnen die Stärke der Körpersprache fehlt: Signalisieren Sie Ihr Interesse deutlich durch Wortwahl (*really, especially, particularly, most interesting*) und Tonfall.
- Achten Sie auf Ihre Stimme: Sprechen Sie klar und deutlich, d.h. nicht zu schnell und nicht zu hoch. Nehmen Sie sich vorher zur Kontrolle auf Band auf.
- Verwenden Sie den Namen Ihres Gegenübers häufiger als im *face-to-face meeting*.
- Hören Sie sorgfältig zu und signalisieren Sie dies (*ok, yes, right*). Achten Sie auf Untertöne und Fangfragen.
- Nehmen Sie häufig Bezugnahme auf Formulierungen des Gegenübers, um Missverständnisse zu vermeiden.
- Danken Sie dem Interviewer für seinen Anruf – zu Beginn sowie am Ende.
- Bemühen Sie sich, am Ende einen Termin für ein persönliches Gespräch zu vereinbaren.
- Bereiten Sie das Gespräch nach (siehe 6.4).

Ü2: Ergänzen Sie das folgende Telefongespräch um die fehlenden Bausteine.

in mind – invite you to – for the position of – no problem – available on – by train – impressed by – forward to meeting – speak to – decided to hold

RB: Hello, this is Rose Bingham of Wellington. Could I
1 __________ Jutta Schneider, please?

JS: Oh, hello Ms Bingham, Jutta Schneider speaking.
RB: Oh, great. You applied ❷ ______________ senior accountant with us, is that right?
JS: Yes, I did indeed.
RB: Good. Well, we were quite ❸ ______________ your qualifications and experience and would like to ❹ ______________ an interview.
JS: Yes, that would be excellent. Where and when?
RB: We ❺ ______________ the interview at our German office in Hamburg. We've scheduled the 22nd and 23rd of May for it. Would that be convenient?
JS: Ok, let me check my diary. Yes, I'll be ❻ __________ the 23rd. Do you have a specific time ❼ __________?
RB: Well, how far is Berlin from Hamburg?
JS: It takes about two hours ❽ ______________.
RB: So, would 11am be a good time for you?
JS: Yes, that would be ❾ ____________.
RB: Great. Looking ❿ ______________ you on 23rd at 11am, then.
JS: Yes, see you then. Thanks for calling.

5.2 Fragen und Antworten vorbereiten

Ein *job interview* besteht zum einen aus kleineren Infoblocks, z. B. wenn der *hiring manager* etwas über das Unternehmen sagt, zum anderen aus Fragen und Antworten. Auf Fragen gilt es zügig und gleichzeitig wohlüberlegt zu reagieren, was in einer Fremdsprache eine zusätzliche Herausforderung darstellt und daher gut vorbereitet sein will. Reflektieren Sie an dieser Stelle zunächst Ihr letztes Vorstellungsgespräch (unabhängig davon, ob dies auf Deutsch oder Englisch war): Wie lange ist das her? Wie haben Sie sich da präsentiert? Was würden Sie beibehalten, was ändern? Hier hilft Ihnen

auch das mittlerweile verbreitete Zielerreichungsgespräch, das *performance appraisal*, mit dem Sie Ihre Leistung beurteilen können.
Machen Sie sich dazu Notizen, nach Möglichkeit auf Englisch. Dann müssen Sie erneut die Seiten wechseln: Versetzen Sie sich in die Rolle Ihres Gegenübers und nehmen Sie die Informationen, die Sie zu dessen Organisation herausgefunden haben, zu Hilfe: Welche Fragen würden Sie einem Kandidaten stellen? Auch dieser Teil sollte schon auf Englisch vorbereitet werden. Im Folgenden finden Sie nun typische Fragebeispiele und eine Erläuterung dessen, wozu Sie dienen, gefolgt von möglichen Antworten, wie sie einer unser drei Kandidaten geben könnte.

Fragen zum beruflichen Hintergrund

Why do you want to work for us?

Dies hinterfragt die Motivation des Kandidaten und sein Interesse am Unternehmen. Präsentieren Sie Ihre Hausaufgaben, d.h. Ihr Wissen zum Unternehmen – dabei sind Komplimente an die andere Seite nicht verkehrt:

- I've always wanted to work in this industry and you're the best company there.
- When visiting United Motors, I met a few people working for your company. I was quite impressed by their knowledge, so I applied for this position.

Eine ähnliche Frage ist:

What did attract you to this position?

Hier geht es eher darum, welche Vorstellung Sie von Ihrem Aufgabengebiet haben. Nur wenn Sie bereits über Kenntnisse und Erfahrungen in diesem Bereich verfügen, werden Sie Ihre Antwort überzeugend gestalten können:

- When I was at university, I focused on … and this position would allow me to use this knowledge.
- I'm really impressed by the research you've done in the area I specialise in.

Die Gegenfrage hat schon einen leicht aggressiven Zug:

Why should we hire you?

Diese Frage zielt nun auf die Qualifikationen und Eignungen ab, die Sie für diese Stelle mitbringen, und klopft Ihre Unterlagen ab. Denken Sie also daran, sich die wesentlichen Punkte einzuprägen und vortragen zu können. Wenn Sie hier anfangen, in Ihrer Mappe zu blättern, wirft dies kein gutes Licht auf Sie.

As I've substantial experience in working with Asian customers, I believe that I'll be able to interface between European and Asian business which would be a great benefit to your company.

Nutzen Sie hierfür Ihre Vorbereitungen aus Kapitel 4. Dies gilt auch für die folgende Frage:

What could you contribute to the department?

Eine solche oder ähnliche Frage wird häufig als Rückfrage zur vorherigen gestellt, um herauszufinden, inwieweit sich der Kandidat schon Gedanken über seine Leistung gemacht hat.

- I expect I'll able to use my knowledge on materials that I have acquired in my current and previous jobs.
- As I really enjoy working with our guests and organising events for them, I believe that the position offered will allow me to make use of these skills.

Im weiteren Verlauf können Sie gezieltere Fragen zu Ihrem *CV* erwarten, z. B.:

What were your greatest successes in the last three years?

Diese Frage prüft nicht nur Ihre Arbeitsleistung, sondern auch, wie Sie Ihre Aufgaben angehen. Abgesehen davon, dass Sie Beispiele vorbereiten sollten, die einen Bezug zu Ihrer gewünschten neuen Tätigkeit haben, kommt es auch darauf an, wie Sie Ihre Leistung verkaufen. Beschreiben Sie zunächst das Beispiel:

- The successful launch of our new product was one major thing.
- I was really proud when my team and I achieved completion of the new guidelines.

Gehen Sie dann ins Detail:

- We managed to meet all deadlines and involve other departments.
- We were able to draw up a standard process across the whole company.

Verweisen Sie am Ende auf das Ergebnis und den Nutzen:

- Thus we were able to save substantial costs.
- Now there is a reliable auditing system in place.
- The friendliness scheme really improved communication with our guests.

Denken Sie dabei daran, erneut Adjektive und Adverbien einzusetzen, die Ihre Leistung unterstreichen. Unterschlagen Sie aber auch nicht die Leistung Ihrer Kollegen, da Sie sonst als *ego-tripper* gelten, der auf Kosten anderer Karriere macht. Sie können Ihre Beispiele aus dem *cover letter* ausbauen, beachten Sie jedoch bitte, diese nicht auswendig gelernt in *written English* vorzutragen, da sich dies sehr unnatürlich anhören würde.

Ü3: Welches Adjektiv bzw. Adverb hat nicht die gleiche Bedeutung wie die anderen?

1. I was **deeply** / **really** / **little** / **very** impressed by your track record.
2. I was **happy** / **dissatisfied** / **pleased** / **delighted** with our achievement.
3. I was **hardly** / **very** / **highly** / **much** satisfied with the outcome.
4. We reached **substantial** / **high** / **low** / **enormous** savings.
5. There is now a **reliable** / **flexible** / **consistent** / **robust** process in place.

Make it work:

Wenn Sie darüber sprechen, wie lange Sie etwas getan haben oder seit wann, dann achten Sie darauf, *since* und *for* richtig anzuwenden:
For gilt bei Zeiträumen: *for three years*
Since bei Zeitpunkten: *since 2001*

Ü4: Ergänzen Sie die folgende Sätze durch *since* und *for*

1. I worked in Chicago ____ six months.
2. I've been interested in working in the UK ____ I went to university there.
3. I've known about this position ____ May.
4. I've worked for Abel ____ two years now.
5. One of the referees is an old colleague whom I've known _____ ten years.
6. I was in Hong Kong ____ only a week in 2006, but I haven't been back ______ then.

Fragen zur Person

Could you tell us something about yourself?

Diese Frage wird häufig als *warm-up* genutzt und dazu, die sprachlichen Fähigkeiten des Kandidaten zu überprüfen. Ihre Nervosität wird Ihnen sicherlich angerechnet, aber hier sollten Sie ruhig und konzentriert vortragen: Entsprechen Ihre Englischkenntnisse nicht dem, was Sie in Ihren Unterlagen angegeben haben, ist das Gespräch schneller zu Ende, als Sie denken. Bereiten Sie also einen kurzen Steckbrief vor, der nicht zu persönlich geraten sollte:

> I finished school in 1995 and did my apprenticeship. After that, I decided to attend university. There I focused on materials and process engineering, and I became interested in working in the automobile sector after my internship with Abel.

Achtung: Welche Fakten Sie über sich preisgeben, sagt stets auch einiges über Ihren Charakter aus. Ähnliches gilt für die Frage:

How would you describe a typical day at work?

Dies ist ein netter *warm-up*, sollte aber zeigen, dass Sie strukturiert und organisiert sind.

How would your colleagues describe you?

Dies ist eine beliebte Alternative zur typischen Frage:

How would you describe yourself?

Es geht hier erneut um den Unterschied zwischen eigener und Außenwahrnehmung, also wie man sich selbst sieht und wie andere einen sehen könnten. Hier beziehen Sie sich auf die in Kapitel 4 erwähnten *soft skills*:

- My colleagues would say that I'm usually first in the office – to make the coffee, of course, but also to use the peace and quiet to prepare and organise my day.
- I think they see me as someone who likes to get things sorted and organised. If all tasks are clear, it helps everyone to set priorities.

In beiden Fällen schaffen Sie es hier, sowohl Selbstkenntnis als auch die Einschätzung anderer zu präsentieren und dies mit einem positiven Effekt für den Arbeitsalltag zu verbinden. Ein wenig Humor (*to make coffee*) kann dabei auch nicht schaden.

Eine etwas unangenehme Frage hingegen ist die Frage nach dem Wechsel:

- Why do you want to leave your current job?
- Why did you leave your last job?

Hier sollten Sie Konfliktpotenzial vermeiden: Reden Sie nie schlecht über einen derzeitigen oder ehemaligen Arbeitgeber. Dies gilt als Mangel an Loyalität, die Ihren zukünftigen Arbeitgeber verprellen kann: Hatten Sie früher mit Ihrem Chef oder Ihrer Firma Schwierigkeiten, könnte dies in der neuen Stelle ebenfalls geschehen. Beschreiben Sie stattdessen den Wunsch nach Veränderung oder führen Sie sachliche Gründe an:

- I like my current job, but there aren't many opportunities for promotion.
- Although I enjoy my present job, I've always wanted to work abroad.
- As our German office was closed down, we all lost our jobs.

Verbinden Sie dies nach Möglichkeit mit einer positiven Aussage zu Ihrem beruflichen Hintergrund (s.o.).

Eine weitere Frage zur Selbsteinschätzung ist:

What do you see as your greatest strengths?

Erneut geht es hier darum zu prüfen, wie Sie sich selbst einordnen. Begehen Sie an dieser Stelle nicht den Fehler, einfach Adjektive über sich anzuhäufen im Sinne von „*I'm trustworthy and reliable with strong analytical skills.*" Dies gilt als künstlich und wenig glaubwürdig, und Kandidaten, die nicht als authentisch empfunden werden, haben wenig Aussicht, die angestrebte Stelle zu bekommen. Überlegen Sie erneut, welche Beispiele Ihre starken Eigenschaften unterstreichen:

- When we approached the deadline, I was really glad that I was able to keep my cool. I see that as one of my strengths as it helps me to keep an overview.
- When we were working on the new system, I realised that I am very good at instructing people and helping them to understand what they have to do.

Achten Sie dabei bitte darauf, dass es im Englischen *good at* heißt und nicht *good in*. Viele Adjektive sind mit bestimmten Präpositionen verbunden. Die folgende Übung hilft Ihnen dabei, einige der wichtigsten Kombinationen für ein *job interview* zu lernen.

Ü5: Verbinden Sie die Satzhälften zu Aussagen über Ihre Person.

1. I was very pleased	a. to what I'm doing now.
2. I'm quite capable	b. in learning more about that software.
3. I'm very interested	c. to working with that programme.
4. I'd say this is related	d. with our result.
5. The tasks are similar	e. of developing solutions.
6. Of course I'm used	f. to the size of the team.

Make it work:

Bereiten Sie zu Hause eine Minipräsentation vor und halten Sie die vor einem Freund oder Bekannten mit guten Englischkenntnissen.

Achten Sie bei Ihren Formulierungen auch darauf, Fußangeln zu vermeiden, die Sie unabsichtlich in ein schlechtes Licht rücken. Behalten Sie stets im Hinterkopf, wie Ihre Aussagen vom Gegenüber interpretiert werden können.

Test: Welche Bedeutungen verstecken sich in diesen Fußangeln?

1. I think I work best under pressure, I mean when the deadline is getting closer.
2. To be honest, I thrive on chaos. Then I'm at my best.
3. I imagine that includes a lot of travel, right?
4. Ok, some people still think a woman can't do that job.
5. Well, after two years out of work, I guess I need some training to get me back on track.
6. Well, as a man, I'd hardly complain about working with a team of women.

Antworten:

1. Ihnen fallen Zeitmanagement und Prioritätensetzung schwer.
2. Sie haben Probleme mit der Organisation Ihrer Arbeit.
3. Sie sind nicht sehr mobil und gelten als unflexibel.
4. Sie sehen überall Vorurteile, was zu Konflikten mit Kollegen und Vorgesetzten führen kann.
5. Die Firma muss Sie erst ausbilden – offensichtlich fehlen Ihnen nötige Qualifikationen.
6. Sie sehen sich als Hahn im Korb, für den die Frauen alles tun: Auch hier sind Konflikte vorprogrammiert.

5.3 Ziele formulieren

In diesem Kapitel geht es nun darum, inwieweit Sie sich über die Konsequenzen im Klaren sind, sollten Sie die Stelle wirklich erhalten. Auch dies ist eine Kategorie, die in der Regel für die zweite Runde des *job interview* vorzubereiten ist. Dazu gehören die Bereiche eigene Karriereplanung, persönliche Planung, z. B. in punkto Familie, und natürlich die Gehaltsverhandlung.

How do you see your own development with us?

Wenn ein Unternehmen Sie fest einstellt und ggf. in Ihre Weiterbildung investiert, dann möchte es vermeiden, dass Sie nach ein, zwei Jahren zur Konkurrenz abwandern, weil diese mehr zahlt. Deshalb sind Fragen zu Ihren Unternehmenskenntnissen und Ihrer Motivation wichtig und man sollte nicht den Eindruck erwecken, man sei quasi nur auf dem Sprung:

- I know it often takes years to come up with a new product and I would love to accompany this process from the beginning to the very end.
- When working with VIPs, a good personal relationship is quite essential, and that takes time to build.

Loyalität dem potenziellen Arbeitgeber gegenüber ist dabei ein wesentlicher Faktor.

What does your family think about this?

Family steht hier stellvertretend für Lebenspartner/in, Ehegatte/in und Kinder. Alle werden ggf. von einem Jobwechsel ins Ausland betroffen sein. Selbst wenn Sie Single sind: Wer kümmert sich z. B. um Ihre Eltern, wenn Sie in Asien oder in den USA arbeiten? Auch hier gilt, diese Situation nicht zu beschönigen oder klein zu reden:

- My wife has travelled with me to the States a couple of times and sees them as a country she could live in. My daughter isn't very happy of course to leave her friends behind, but I expect we can help her through this.
- My partner hasn't been to Asia before and he couldn't leave his job right now. But he would be taking courses in Mandarin and expects to follow me next year.

Sie präsentieren sich als sozialer, verantwortungsvoller Mensch und demonstrieren, dass Sie seine Umgebung in die Entscheidung mit einbeziehen und sich diverser Probleme bewusst sind, die auftreten könnten.

How much do you expect to earn?

Die Frage nach dem Gehalt gilt es unbedingt im Vorfeld zu reflektieren, denn dieser Punkt wird, wenn Sie sich in der 2. Runde Ihres *job interview* befinden, eine zentrale Rolle spielen. Dabei geht es darum, dass das Unternehmen möglichst gutes Personal für möglichst wenig Geld möchte. Damit sind keine Dumping-Löhne gemeint, aber warum freiwillig mehr zahlen? Sie jedoch möchten für Ihre Leistung angemessen entlohnt werden und, besonders bei einem Wechsel in ein neues Unternehmen, finanziell besser dastehen als in Ihrem alten Unternehmen. Nun ist es zum Glück bei internationalen Stellenausschreibungen üblich, eine Gehaltsspanne anzugeben. Dies hilft bei der Überlegung, was man sich selbst zum Ziel setzt. Ansonsten haben Sie die Möglichkeit, Freunde oder Bekannte, die in der Branche arbeiten, zu fragen, was üblich ist. Dazu zählen auch Konkurrenzunternehmen. Hilfreich sind außerdem *online-tools* wie sie von vielen Stellenbörsen oder Zeitungen angeboten werden, die Ihnen helfen, eine sinnvolle Gehaltsvorstellung festzulegen. Wie viel Sie verdienen müssen, hängt nicht zuletzt von den Lebenshaltungskosten im neuen Umfeld ab, z. B. Miete und Lebensmittel. Auch diese sollten Sie vorab in Erfahrung bringen, dazu mehr in Kapitel 7.

Wie viel Sie verdienen werden, hängt nicht zuletzt von Qualifikation, Erfahrung und Alter ab, auch daher gilt es, sich im *job interview* möglichst gut zu verkaufen. Wenn also die Frage kommt, wie viel Sie verdienen möchten, gibt es folgende Möglichkeiten:

- Sie antworten mit einer Gegenfrage:

  What do you usually pay for a position like this?

- Sie können eine Hausnummer aus der Mitte der in der *job ad* erwähnten Gehaltsspanne nennen:

  About $ 65,000 a year. (between $ 63,000–66,000)

- Sie können antworten:

  That depends ...

  Und eine Frage nach Zusatzleistungen anschließen:

  ... on the benefits you offer.

  Oder Sie weichen der Antwort aus:

  Before I can answer that, I would like to know more about my actual responsibilities.

Bleiben Sie bei dieser Verhandlung jedoch stets freundlich und kooperativ. Unter Umständen müssen Sie zu Beginn, z. B. in der Probezeit, Abstriche machen, haben aber später, wenn Sie sich im Unternehmen bewährt haben, erneut die Möglichkeit, Ihr Gehalt zu verhandeln. Fragen Sie an dieser Stelle nach *relocation benefit*, da ein Umzug enorme Kosten mit sich bringt:

- Do you offer a relocation package?
- Could I expect some support when relocating?

5.4 Der erste Eindruck

Nun ist der große Tag also gekommen und Sie machen sich auf den Weg. Dass Sie ausgeruht, gut gekleidet und pünktlich zu Ihrem Vorstellungsgespräch erscheinen und alle Unterlagen bereit haben sollten, versteht sich von selbst. An Ihrem Zielort angekommen, haben Sie nun die Möglichkeit, Ihrerseits einen ersten Eindruck vom Unternehmen und seinen Mitarbeitern zu gewinnen. Zu Beginn dieses Kapitels haben wir uns mit der Abfolge des *job interview* beschäftigt, bei der die Ankunft und das Abholen des Kandidaten z. B. durch den *interviewer* keine unwesentliche Rolle spielen. Mit dem Betreten des Gebäudes vergleichen Sie Ihre Vorstellung vom Unternehmen mit der Realität – und das gleiche tut der *interviewer*, wenn er Sie in Empfang nimmt.

Zunächst jedoch gelangen Sie an die Rezeption, wo Sie sich selbst kurz vorstellen und den Grund Ihres Besuchs nennen:

- Good morning, I am … and I am here to see …
- Good afternoon, my name is and I have an appointment for an interview with …

Man wird Sie bitten, kurz Platz zu nehmen, und Ihnen einen Besucherausweis geben:

Would you register here? This is your visitor's pass. Please take a seat. Mr / Ms … will be with you in a minute.

Nutzen Sie diese Zeit, um sich umzusehen. Das Gebäude und die Gestaltung des Empfangs, der ja sozusagen das Aushängeschild des Unternehmens ist, sagen einiges über die Firma aus. Gefällt Ihnen, was Sie sehen? Bestätigt oder widerlegt es den Eindruck, den Sie vom Unternehmen haben? Aus diesen Überlegungen lassen sich nützliche *small talk* Themen stricken:

- I really like the architecture of your building.
- I was quite astonished by the art works you have here.

Diese brauchen Sie nämlich, um das Gespräch auf den Weg zum Besprechungszimmer aktiv zu gestalten, wollen Sie vermeiden, lediglich passiv auf die Fragen des Interviewers zu antworten, der Sie abholen wird:

- How was your journey?
- Did you find us okay?

Natürlich sollten Sie antworten:

- Good, your directions were easy to follow.
- Yes, no problem. I checked the route on map24.

Achten Sie jedoch darauf, dass Sie sich als Gesprächspartner präsentieren und Gesprächsmöglichkeiten anbieten:

Yes, I've been to London a couple of times.

Wenn Sie zu einem Gruppengespräch oder einem *Assessment Centre* eingeladen werden, ist Ihr Verhalten außerhalb des Besprechungsraums erst recht ein wesentlicher Faktor, der über den Erfolg Ihrer Bewerbung entscheidet. Deshalb sollte man Tischmanieren und geeignete Gespräche für *small talk* nicht auf dic leichte Schulter nehmen.

Ü6: Bringen Sie die vertauschten Präpositionen in die richtige Reihenfolge.

I: How was your journey? Did you get here ❶ **ON** train?
C: Yes, and the train was ❷ **OVER** time and rather quiet.
I: Have you been ❸ **BY** London before?
C: Yes, when I was ❹ **ON** Sunderland university. I really enjoyed it. Oh, you have a great view ❺ **ON** the City.
I: The interview will be ❻ **AT** our top floor. The views ❼ **TO** London are quite spectacular from there.

Vokabeln und Redewendungen auf einen Blick

Vokabeln

acquire	erwerben
career plan	berufliche Planung
company car	Firmenwagen
company pension	Betriebsrente
diary	Terminkalender
directions	Wegbeschreibung
holiday leave	bezahlter Urlaub
opportunity	Möglichkeit
pay band	Gehaltsklasse
pay scale	Tarifgruppe
pension scheme	Rentenplan
perks	Nebenleistungen
procedure	Vorgehen
register	sich eintragen
relocate	umziehen, versetzt werden
visitor's pass	Besucherausweis

Redewendungen

☑ **Kontakt aufnehmen**

- I would like to inquire the status of my application …
- I was wondering if you received my application …
- I would like to know if you offer work placements in …
- I'm calling to ask when the interviews will be held.

☑ **Termin vereinbaren**

- We are holding the interviews on …
- We would like to invite you for an interview on …
- Would Friday be convenient?
- Could you make it Monday morning?
- Let me check my diary. Yes, that will be fine.
- One moment please. Sorry, I can't make it Friday. How about Thursday?
- Where will the interview take place?
- Can you send me directions?

☑ **Fragen des Interviewers**

- How long have you lived in …?
- How long have you worked for …?
- Have you ever worked in a project team?
- How long have you spoken English?
- Have you applied to any other companies?
- What do you know about our activities?
- Have you worked in the UK before?
- When would you be available?

☑ **Leistungen unterstreichen**

- I was quite pleased with our performance …
- We managed to finish … on time.
- I really enjoy working with …
- I've always been interested in …
- We were able to achieve …
- This project really improved our performance …
- I was very satisfied with the outcome.
- I see myself as someone who …

☑ **Ziele formulieren**

- I look forward to working with your products.
- I would like to improve …
- It will be a great opportunity to see this through …
- I takes time to build trust in relationships.
- I'm very interested in learning more about this …
- I have been to the US before so I expect that …
- I believe I'll be able to …
- I'm confident I'll deliver …

☑ **Small talk**

- How was your journey? – Fine, thank you.
- How is the weather in Germany? – Quite nice, actually.
- Have you been here before? – Yes, a couple of times.
- Where are you staying? – In a hotel downtown.
- What would you like to drink? – Coffee, please.

6 Im Vorstellungsgespräch

Nachdem Sie nun den Raum, in dem das *job interview* stattfindet, betreten haben, wird es ernst.
Einer der häufigsten Fehler, die Bewerber in *job interviews* machen, ist der, sich nicht auf Augenhöhe zu begeben. In dem Wunsch, den Erwartungen des *recruiter* gerecht zu werden, werden häufig kurze und wenig aussagekräftige Antworten gegeben und es wird so ziemlich allem zugestimmt, was die andere Seite sagt. Jemand, der keine eigene Ausstrahlung und Persönlichkeit zeigt, wird aber nicht das Rennen um die Stelle gewinnen. Sie sollten selbstbewusst auftreten, ohne Schaumschlägerei zu betreiben. Daher beschäftigen sich die folgenden Kapitel mit Strategien, die Ihnen ein erfolgreiches Auftreten ermöglichen.

6.1 Tipps und Taktiken

Get going!

Wenn die Frage aufkommt, warum man Sie einstellen sollte, ergreifen Sie die Initiative und bitten Sie um die Chance, eine (vorbereitete) Minipräsentation zu geben:

> If I may, I would like to give a short presentation of why I think I am the right candidate.

Dies gibt Ihnen die Möglichkeit, das *job interview* zu steuern und durch Ihre Initiative das Interesse des Gegenübers zu wecken. Mit einer erfolgreichen Minipräsentation können Sie dem *recruiter* oder *hiring manager* auch Häppchen hinwerfen in der Hoffnung, dass zu diesen Punkten Folgefragen

kommen, auf die Sie selbstverständlich eine Antwort parat haben.
Eine solche Präsentation sollte nicht länger als zwei Minuten sein und gibt Ihnen auch sprachliche Sicherheit, die Sie durch das Gespräch bringen wird.

Don't worry – communicate!

Denken Sie daran, dass Ihr Gegenüber genauso nervös ist wie Sie: Holen Sie tief Luft und bemühen Sie sich zunächst, eine vernünftige Kommunikationsbasis aufzubauen.

Breathe as deeply as possible!

Ein Luftvorrat wirkt beruhigend und sorgt dafür, dass Ihre Stimme nicht nach oben abrutscht. Sie vermeiden so Kurzatmigkeit, die Ihre Nervosität verstärken kann.

Show interest!

Ein weiterer wichtiger Punkt ist, dass Sie selbst Interesse signalisieren. Dies sollten Sie bereits durch aufmerksames Zuhören verdeutlichen, dem so genannten *active listening*. Dies signalisieren Sie nonverbal durch Kopfnicken oder Vorbeugen, um Aufmerksamkeit oder Zustimmung zu zeigen, oder durch Füllwörter wie *right, ok* und *I see*, die demonstrieren, dass Sie den Ausführungen Ihres Gegenübers folgen.

Ü1: Vervollständigen Sie die Satzfragmente, um weitere sinnvolle Tipps zu erhalten.

turn + strengths – put + ease – dress + side – avoid + complacent – remember + yourself – make + impression – show + employers – project + attitude

1. ... loyalty to past ...
2. ... sounding ...
3. ... a good first ...

4. ... a positive ...
5. ... the interviewer ...
6. ... to impress the other ...
7. ... weaknesses into ...
8. ... to market ...

6.2 Eigene Fragen stellen

Ihr Gegenüber beeindrucken Sie in der Regel nicht durch auswendig gelerntes Wissen, sondern dadurch, dass Sie intelligente Fragen zum Unternehmen und zur angebotenen Stelle formulieren. Auch dies lässt sich bereits im Vorfeld üben und Sie können davon ausgehen, dass dies von Bewerbern erwartet wird. Schließlich möchte das Unternehmen ja kein *dead wood*, sondern aktive und einsatzbereite Mitarbeiter, die mit- und vorausdenken.

Durch eigene Fragen haben Sie unterschiedliche Möglichkeiten, sich aktiv ins Gespräch einzubringen.

Stellen Sie Verständnisfragen: Dazu haben Sie als *non-native speaker* jedes Recht. Es zeigt auch, dass Sie um gute Kommunikation bemüht sind und Missverständnisse sofort ausräumen:

- Sorry, I am not sure I got that. Did you say ...?
- What exactly do you mean by ...?
- Sorry, could you explain what you said about ...?

Stellen Sie Fragen zu Ihrem zukünftigen Aufgabenbereich: Diese demonstrieren nicht nur Verständnis für Zahlen oder Arbeitsprozesse, sondern auch die Bereitschaft, Verantwortung zu übernehmen:

- Would I have my own budget?
- How many people will I be responsible for?
- How do you organise your production process?
- Which standards do you balance by?

Stellen Sie Fragen zum Unternehmen, die demonstrieren, dass Sie sich bewusst für diese Organisation entschieden haben:

- Could you tell me more about your activities in ...?
- How long have you been active in this area?

Liegt Ihre Tätigkeit im Ausland, stellen Sie auch hierzu Fragen. Dies gilt besonders für die zweite Runde im *job interview*, da Sie somit zeigen, dass Sie damit rechnen, die Stelle anzutreten und sich bereits aktiv darauf vorbereiten:

- Would I need a work permit?
- What about visa regulations?
- What would my accommodation look like in the first weeks?

Diese Art von Fragen sind auch wichtig, wenn Sie sich auf einen Praktikumsplatz im außereuropäischen Ausland bewerben. Ferner ist es hier ratsam, Fragen zum eventuellen Familiennachzug oder zur Umzugshilfe zu stellen:

- What if my family cannot move with me right now?
- Do you offer help with moving house?

Mehr zu diesem letzten Punkt in Kapitel 7.

Ü2: Bringen Sie die Wörter der folgenden Fragen in die richtige Reihenfolge.

1. What / include / package / the / does / pay?
2. Could / job / you / ask / you / your / left / last / I / why?
3. I / that / guess / some / includes / right / travelling,?
4. What / team / be / size / would / the?
5. Would / like / coffee / you / or / some / tea?

6. How / with / you / pressure / cope / do?
7. Could / the / use / bathroom / I?
8. Why / this / for / apply / you / position / did?
9. Would / able / you / your / be / move / family / to with?
10. Who / to / report / I /would?

Überlegen Sie anschließend, welche Fragen der Kandidat und welche der Interviewer stellt.

Interviewer: ____________ **Candidate:** ____________

6.3 Fangfragen handhaben

Um die Spreu vom Weizen zu trennen, bauen Interviewer gerne Fragen ein, die versteckte Fallen bergen. Solche Fragen, die dazu dienen, Kandidaten aus der Reserve zu locken, wollen wir uns nun etwas genauer anschauen:

Do you have any questions?

Wenn Sie hier nein sagen, erwecken Sie den Eindruck, dass Sie das Gespräch nicht interessiert. Achtung: Diese Frage wird mehrfach in unterschiedlicher Form auftauchen:

- What other questions do you have?
- Any questions so far?

Zumindest Rückfragen zu Details sollten für Sie keine Schwierigkeit sein:

- Yes, could you tell me more about …
- Well, could we go back to the point of …

An dieser Stelle können Sie, wo sinnvoll, auch selbst vorbereitete Fragen einbringen:

- On your website I read about ... Could you tell me more about that?
- In your advertisement you described that ... What would that mean, exactly?

In Anlehnung an die Frage zu Ihren Stärken dürfen Sie gewiss sein, dass die Frage zu den Schwächen nicht lange auf sich warten lässt:

And what are your weaknesses?

„*I have no weaknesses!*" ist die falsche Antwort: Jeder Mensch hat Schwächen und Sie müssen zeigen, dass Sie Ihre kennen und aus diesen lernen können:

I tend to organise everything, but I have learned to delegate work.

An dieser Stelle können Sie Ihre Schwächen auch mit Humor kommentieren:

I tend to be the typical German perfectionist; however, it helps me to look at important details.

Auch die Frage nach der eigenen Karriereplanung kann durchaus trickreich formuliert sein:

Where do you see yourself in five years' time?

„*In your chair*" ist zwar eine schlagfertige, jedoch heikle Antwort, aber es wird erwartet, dass Sie einen *career plan* haben:

- In a leading position with more responsibility.
- I would like to move to a position where I can pass on my skills to others.

Ein Klassiker der Fangfragen bezieht sich auf eine klassische Floskel in Lebensläufen:

How do you cope with pressure?

Hier wird auf den Zahn gefühlt, ob der Kandidat wirklich Druck aushalten kann – durch straffe Zeitlimits oder unvorhergesehene Ereignisse. Zeigen Sie, dass Sie Druck durch kluge Planung vermeiden:

- I usually spend time on good planning to avoid problems with too tight deadlines. Where that isn't possible, I prioritise the things to be done.

Diese Frage wird dann auch gerne mit dem folgenden Fragekomplex verbunden:

What would you do if …?

Besonders in der zweiten Runde sind Fragen, die dem Kandidaten ein spezifisches Problem präsentieren, recht beliebt, um Flexibilität und Verhalten in unangenehmen Situationen zu testen. Dies können technische Fragen sein:

- … the computer crashed while you were working on a presentation?
- … a customer complained about her delivery?
- … food ordered for a conference didn't arrive in time?

Diese kann man häufig aus Erfahrung beantworten:

- I always make sure that the autosave function works.
- I'd promise the customer to take care of this personally.
- I'd first arrange for some snacks and drinks from our hotel bar.

Häufiger, besonders bei Mitarbeitern mit Führungsaufgaben, sind Fragen zum Umgang mit schwierigen Mitarbeitern:

- ... one team member had a problem with her personal hygiene?
- ... one report complained about harassment?
- ... you caught an employee nicking some paper from the printer?

Formulieren Sie Ihre Antwort zunächst bedächtig:

- It's hard to say without knowing any background.
- You need a lot of tact to deal with such a situation.

In manchen Fällen, z.B. bei Fehlverhalten wie dem erwähnten Diebstahl, müssen Sie auch Führungsstärke demonstrieren:

I would explain the company rules about this and point out the consequences if that happened again.

Make it work:

Solche und andere Art von Spekulation wird im Englischen gern mit der Möglichkeitsform des *conditional* wiedergegeben. Unser *job interview* ist dafür ein gutes Beispiel:
Sie haben das *job interview* gerade hinter sich und es ist gut gelaufen. Dann nehmen Sie *conditional 1:*
If they offer me the job, I will take it. (= I think I have a really good chance to get it).
Sie haben das *interview* hinter sich, aber es ist nicht so gut gelaufen. Dann verwenden Sie *conditional 2:*
If they offered me the job, I would take it. (= But I don't think they want to hire me).
Erhalten Sie eine Woche später ein Ablehnungsschreiben, nehmen Sie *conditional 3:*
If they had offered me the job, I would have taken it (= But they didn't do that).

Ü3: Verbinden Sie die folgenden Satzhälften, um Aussagen im jeweiligen conditional zu erhalten.

1.	If I finish my SAP certification,	a.	I would interview the people involved.
2.	I would immediately report her	b.	they will lose motivation.
3.	I would have investigated	c.	will you offer a higher salary?
4.	If there was a rumour of sexual harassment,	d.	I would have brought a sample of my work.
5.	If you had mentioned that in your letter,	e.	if that person stole again.
6.	If you don't look after people,	f.	if that had happened before.

Zum Schluss muss darauf verwiesen werden, dass es auch richtig unangenehme Fragen gibt, die meist nicht statthaft sind, aber dennoch gestellt werden.

- Would you accept a drug test?
- Do you have any chronic diseases?
- Are you pregnant?

Bei solchen Fragen, sofern diese nicht durch entsprechende Tätigkeiten gerechtfertigt sind, sollte man schon überlegen, ob man bei dem Unternehmen anfangen möchte. Richten Sie an den Interviewer eine Gegenfrage oder bezweifeln Sie die Notwendigkeit der Frage:

- Why do you ask me that?
- I can't see why this is relevant for the job as ...
- That's a rather personal question.

6.4 Reflexion des Interviews

Aufatmen: Sie haben das *job interview* überstanden. Wenn Sie jedoch denken, Sie könnten nun nichts mehr tun als abwarten und Tee trinken, dann haben Sie sich getäuscht. Auch nach dem Vorstellungsgespräch gibt es einiges zu tun. Zunächst sollten Sie das Gespräch Revue passieren lassen und sich Notizen anfertigen:

- What did I do well?
- What could I have done better?
- Which part did the interviewer like most?
- What were they not happy with?

Diese Reflexion hat, unabhängig davon, ob Sie den Job bekommen oder nicht, die Funktion der eigenen Leistungsüberprüfung. Jedes Vorstellungsgespräch ist ein Training für folgende Gespräche.

Des Weiteren sollten Sie nach dem Vorstellungsgespräch ein kurzes Dankesschreiben an den Interviewer schicken. Dies können Sie per Post, aber auch per E-Mail tun.

- I am writing to thank you for the interview today.
- I really appreciated that you took the time for our meeting on …
- Thank you for taking the time to discuss the opportunity of …

Betonen Sie anschließend noch mal Ihr Interesse an der Stelle:

- I can well imagine joining your company …
- I would like to emphasise that I am highly interested in the position you offer.

Es wird einige Zeit vergehen, bis sich *recruiter* und *hiring manager* für einen Kandidaten entscheiden. Hier müssen Sie sich in Geduld üben.

Auch wenn Sie eine ausgezeichnete Vorstellung im Interview hingelegt haben, sollten Sie trotzdem mit einer möglichen Absage rechnen. Wenn diese kommt, werfen Sie diese jedoch nicht einfach in den Papierkorb, sondern kontaktieren Sie den *recruiter* nochmals und bitten um ein Feedback Ihrer Leistung und Ihres Auftretens. Auch dadurch können Sie sich verbessern.

- I would appreciate it if you could find the time to give me feedback on my performance.
- I would like to contact you on the phone to get feedback on my performance.

Da Sie auf die *short list*, also in die engere Wahl gekommen sind, ist dies keine unangemessene Bitte: Es kann schließlich sein, dass Sie sich bei dem gleichen Unternehmen später noch einmal bewerben – auf eine andere Stelle. Oder die gewählte Nummer Eins hält nicht das, was sie verspricht, und das Unternehmen kommt auf Sie zurück. Sofern Sie dann noch verfügbar sind. Da ist es dann sinnvoll, wenn Sie durch Dankesschreiben und Feedback für einen nachhaltigen Eindruck gesorgt haben.

Ü4: Ordnen Sie die Satzbausteine einem Absage- bzw. Zusageschreiben zu und bringen Sie diese in die richtige Reihefolge.

Dear [applicant]

Thank you very much for taking the time to do the interview with us.

a. We look forward to seeing you soon.

b. Could you please contact us as soon as possible if that suits you?
c. However, we have decided in favour of a different candidate.
d. ... and wish you all the best for your future.
e. Please do not feel that this was due to any failings on your part.
f. We suggest June 2nd at 2pm at our German headquarters in Hamburg.
g. ... we would like to invite you to a final talk to discuss details of your employment.
h. We sincerely considered your application and were impressed by your qualifications.
i. We were deeply impressed by your application and your performance. Therefore,
j. We would like to thank you for your interest in our company

Yours sincerely,

(HR Manager)

Rejection: 1. ____ 2. ____ 3. ____ 4. ____ 5. ____
Acceptance: 1. ____ 2. ____ 3. ____ 4. ____ 5. ____

Vokabeln und Redewendungen auf einen Blick

Vokabeln

appraisal	Bewertung
appreciate	begrüßen, (Wert) schätzen
avoid	vermeiden
complain	beschweren
corporate policy	Unternehmensrichtlinie
emphasise	betonen
equal opportunities	Chancengleichheit
failing	Versagen
harassment	Belästigung
in favour of	zugunsten von
investigate	untersuchen
performance	Leistung, Auftreten
personal hygiene	Körperpflege
success	Erfolg
suggest	vorschlagen
theft	Diebstahl
thrive	aufblühen

Fragen des Kandidaten

- Would it be alright if I gave a short presentation of myself?
- Sorry, could you tell me what you mean by …?
- What exactly would that include?
- Could we go back to the issue of ...?
- Would I have my own budget?
- Who would I report to?
- How many people will be in my team?
- Could you tell me more about my actual duties?
- Would you help with accommodation?
- Could I expect a relocation package?
- What do you usually pay for a position like this …?
- What benefits do you offer?
- Does the pay package include …?

Fangfragen des Interviewers
- Do you have any questions?
- How much do you expect to earn?
- How do you work under pressure?
- What would you do if there was a case of …?
- What are your weaknesses?

Diplomatisch antworten
- I tend to …
- Before I answer that …
- Before I can say more about that …
- Well, I think this is a delicate situation.
- I would like to …
- I would explain …
- I would try to …

Feedback
- Thank you very much for the meeting on …
- Thank you very much for your time today …
- I would appreciate it if …
- I would be pleased if you could find the time to …
- I am still highly interested in …
- I was impressed by the people I met …
- I am excited about the challenges and opportunities …
- You might wish to know that …
- As we agreed, I expect to hear from you by …
- I hope to hear from you next week.

Antwortschreiben
- We would like to thank you for your application …
- We were impressed by …
- We are delighted to let you know …
- We regret to inform you …
- We have decided to …
- We have decided in favour of …
- We will put your details on file in case other suitable vacancies may arise …

7 Einen Job bekommen

7.1 Vorbereitungen

Eine englischsprachige Bewerbung führt häufig – wenn auch nicht zwangsläufig – zu einer Tätigkeit im Ausland. Gleich, aus welchen Motiven Sie diesen Weg wählen und wohin auf der Welt es Sie zieht oder verschlägt: Es gibt im Englischen ein sehr schönes Sprichwort, das einige von Ihnen vielleicht als Hit der Popband Crowded House kennen:

> *Everywhere you go,*
> *you'll always take the weather with you.*

Dies heißt nichts weniger, als dass man überall sein Päckchen mit hin nimmt. Daher gilt für die Vorbereitung auf das Arbeiten im Ausland auch, sich mit der eigenen Kultur auseinander zu setzen: Wie typisch deutsch man tatsächlich ist, merkt man schließlich erst, wenn man seine angestammte Umgebung verlässt und sich in andere Länder begibt. Ein Phänomen, dass Ihnen bestimmt aus diversen Urlaubsaufenthalten vertraut sein dürfte. Diese Reisen sind fürs erste auch ein guter Anknüpfungspunkt, um Ihre eigene *intercultural competence* zu testen:

T1: How intercultural are you?

	Yes	No
1. Did you check on a map where the place actually is?	☐	☐
2. Did you try local food instead of sticking to 'international cuisine'?	☐	☐

	Yes	No
3. Did you get upset when the taxi driver was late?	☐	☐
4. Did you try to communicate in English instead of testing people's German?	☐	☐
5. Did you try to talk to any local people except the hotel staff?	☐	☐
6. Did you try to learn how to say 'hello' and 'thank you' in the local language?	☐	☐

Sie sehen schon, dass sich *intercultural competence* nicht nur darin auszeichnet, dass man internationale Meetings organisieren kann, sondern auch darin, dass man in der Lage ist, mit unterschiedlichen Alltagssituationen umzugehen und sich auf andere Gepflogenheiten einzustellen. Dazu gehört auch, sich ein Bild zu machen über Lebenshaltungskosten und Mietspiegel, um vernünftig planen zu können und ggf. in der Gehaltsverhandlung auf solche Kosten zurückzukommen, die schließlich auf Ihren Lebensstandard enormen Einfluss haben. Nutzen Sie hierzu Online-Versionen von Zeitungen oder Stadtmagazinen, die eine gute Übersicht bieten, z. B. www.timeout.com/london, auf der Anja Elsner, der bei erfolgreicher Bewerbung ein Umzug nach London bevorsteht, sich über die Preise für Wohnungen und für Kinokarten oder Restaurantbesuche informiert. Ein guter Tipp ist auch der Big Mac Index, der einen Preisvergleich zwischen unterschiedlichen Städten und Ländern erlaubt (zu finden u.a. bei en.wikipedia.org).

Nachdem Sie also nun Ihre eigene kulturelle Kompetenz reflektiert haben, liegt nun der nächste Schritt darin zu überlegen, wie Sie als Deutscher wohl im Ausland wahrgenommen werden könnten.

T2: Germans like

1	a.	small talk at work	b.	keeping work and home separated
2	a.	getting social by using first names	b.	keeping distance by using family names
3	a.	starting meetings on time	b.	being flexible on time management
4	a.	thinking positive about things	b.	criticising even minor faults
5	a.	being perfectionists	b.	being more pragmatic about things
6	a.	eating rich meals	b.	international cuisine
7	a.	quality no matter the price	b.	getting best quality for low prices

Bedenken Sie bitte, dass es hier um kulturelle Stereotypen geht und nicht darum, ob alle Deutschen wirklich so sind. Dieses kleine Quiz mag Ihnen auch helfen sich selbst zu fragen: Wie typisch deutsch bin ich?

Wenn Sie nun daran gehen, sich eingehender über Sitten und Gebräuche im Land Ihres neuen Arbeitgebers zu informieren, können Sie bereits viel gezielter mögliche Schnittstellen und Reibungsflächen ausmachen.

Denn es ist selbstverständlich unerlässlich, dass Sie sich möglichst gründlich über die Kultur Ihres zukünftigen Aufenthaltsortes informieren. Dies ist besonders von Bedeutung, wenn Sie sich auf eigene Initiative bewerben und nicht auf die Hilfe Ihres Unternehmens oder eines Studentennetzwerks zurückgreifen können. Dazu bietet erneut das Internet sinnvolle Möglichkeiten (und damit sind nicht nur Urlaubsfotos auf www.flickr.com oder diverse Landkarten und Stadtpläne auf maps.google.com gemeint).

Eine nützliche Site ist die der Delta Intercultural Academy, www.dialogin.com, die ein reichhaltiges Forum zum Thema *intercultural business and communication* bereit hält. Der Vorteil hier ist die Betonung auf *intercultural*, da diese Kompetenz nicht nur dann zählt, wenn Sie in einer anderen Kultur arbeiten, sondern auch in Ihrem eigenen Umfeld mit Menschen aus anderen Kulturen, z. B. durch einen Vorgesetzten aus den USA, bei dem Sie sich auf Englisch beworben haben.

7.2 Arbeiten im Ausland

Zusätzlich zu den *intercultural aspects* gibt es aber auch noch die konkrete Vorbereitung auf die Arbeitswelt im Ausland. Auch dies ist ein Aspekt, der nicht zu unterschätzen ist, da jedes Land eigene Bestimmungen zu Arbeits- und Aufenthaltsgenehmigungen, Sozialabgaben, Steuern, Arbeitszeiten usw. hat. Auch wenn in einigen Wirtschaftsregionen wie der EU mittlerweile viele Schranken gefallen sind, können auch hier die Unterschiede größer sein, als man gemeinhin denkt. So ist es z. B. in Großbritannien durchaus üblich, Zahlungen per Scheck zu tätigen – etwas, das in Deutschland mehr oder weniger mit der Einführung des Euro abgeschafft wurde. Jedoch ist es in Großbritannien nicht so einfach, ein Konto zu eröffnen: Dazu bedarf es oft zusätzlich zum regelmäßigen Zahlungseingang Referenzen von Arbeitgeber oder Vermieter, die man zu Beginn nicht zwingend vorweisen kann. Und da viele Briten kein Konto haben, werden Renten oder Löhne auch schon mal per Scheck ausgestellt.

Dieses kleine Beispiel verdeutlicht bereits, dass selbst in Ländern, die vor der eigenen Haustür liegen, andere Regeln herrschen. Wenn Sie nun innerhalb eines Unternehmens wechseln, also z. B. zu einer ausländischen Tochterfirma, können Sie darauf hoffen, dass Sie als Teil des *relocation package* professionelle Hilfe bekommen. Die besteht entweder in gezielt geschulten Mitarbeitern der Personalabteilung, die Ihnen bei der Wohnungssuche oder der Suche nach geeigneten Schulen für Ihre Kinder ebenso behilflich sind wie bei Pass- und Visafragen. Oder Hilfe kommt durch eine entsprechend beauftragte Beratungsagentur. Viele Studentenorganisationen haben im jeweiligen Land ebenfalls Partnerorganisationen, die bei solchen konkreten Fragen (z.B. Wohnheimplätze oder Studentenvisa) ideale Ansprechpartner sind. Bei Wechseln innerhalb eines Unternehmens oder als Teil eines Studentenprogramms können Sie auch auf einen Intensivkurs in der Landessprache setzen.

Bewerben Sie sich jedoch auf eigene Initiative, dann sind dies Dinge, die Sie selbstständig erledigen müssen. Wenn Sie im Internet nach „*Working in …*" plus englischen Ländernamen suchen, dürften Sie dazu rasch fündig werden. Achten Sie dabei auf die Anführungszeichen, da die Suchmaschine dann konkret nach dem gesamten Begriff sucht. So hält die University of New Hampshire unter www.unh.edu/oiss/employment.html eine ganze Reihe an Infos zum Thema „Arbeiten in den USA" bereit, einschließlich sozial- und steuerrechtlicher Fragen. Sie können (auch als Nicht-Student) Formulare herunterladen und Tipps nachlesen, wie diese auszufüllen sind. Auch andere Organisationen wie z.B. Migration Expert ermöglichen einen guten Überblick zur jeweiligen Situation in unterschiedlichen Ländern wie Kanada, Großbritannien und Australien. Nutzen Sie z.B. die Website der CIA (ja, Sie haben richtig gelesen), die zu unterschiedlichen Ländern so genannte *Fact Files* zusammengetragen hat und einen ersten Überblick über Geografie, Politik und Wirtschaft ermöglicht (www.cia.gov\factfile).

Eine weitere sinnvolle Quelle sind diverse Regierungsbehörden und Organisationen, die Sie in der Regel ebenfalls im Internet finden. Dabei ist dies einfacher, als Sie vielleicht denken, da häufig der Name schon das Land und die Zuständigkeit verrät:

Ü1: Ordnen Sie die verschiedenen Internetadressen den jeweiligen Behörden und Institutionen zu:

1. www.immi.gov.au	a. US Department of Labor
2. www.bia.homeoffice.gov.uk	b. Immigration Office Australia
3. www.tid.gov.hk	c. Directorate for Employment & Social Affairs in the EU
4. www.dol.gov	d. Home secretary's website for working in the UK
5. http://ec.europa.eu/dgs/employment_social/	e. Overview of British employment law
6. www.emplaw.co.uk	f. Department of Trade & Industry Hong Kong

Testen Sie nun zum Abschluss, wie es um Ihr einschlägiges Vokabular bestellt ist.

Ü2: Wählen Sie den korrekten Begriff für die jeweilige Beschreibung aus!

1. Someone who moves to another country to work is an **emigrant** / **immigrant** / **refugee**.
2. If your employer helps you move this is called **removal** / **retreat** / **relocation**.
3. Someone moving from another country to work is a(n) **refugee** / **immigrant** /**emigrant**.
4. If you work in another country, you usually need a **social security** / **work** / **reference** number.
5. In your new country you will have to pay **employment** / **corporation** / **income** tax.
6. If you stay longer than six months, you need **permanent citizenship** / **a residence** / **a permit**.

Vokabeln auf einen Blick

apply for a visa	Visum beantragen
citizenship	Staatsbürgerschaft
compensation	Vergütung
complete a form	Formular ausfüllen
dependent	Familienangehöriger
disability	Behinderung
emigrate to	auswandern nach
employment law (GB)	Arbeitsrecht
exemption	Befreiung
expatriate	Auswanderer
healthcare	Gesundheitssystem
identification card (US)	Personalausweis
immigrate from	einwandern aus
immigration office	Einwanderungsbehörde
income tax	Einkommenssteuer
internal revenue	Finanzamt
labor law (US)	Arbeitsrecht
migrant worker	Gastarbeiter
minimum wage	Mindestlohn
permanent	fest, dauerhaft
permission	Genehmigung
regulations	Bestimmungen
residence	Aufenthalt
residence card (GB)	Aufenthaltserlaubnis
restrictions	Einschränkungen
settlement	Niederlassung
social security	Sozialversicherung
sponsorship	Trägerschaft (Arbeitgeber)
spouse	Ehegatte/in
tax file number	Steuernummer
tax return	Steuererklärung
tax treaty	Steuerabkommen
unemployment insurance	Arbeitslosenversicherung
work permit	Arbeitserlaubnis

Lösungen

Kapitel 1

Seite 8

T1

1. write up a job description for the vacancy;
2. define skills and qualifications needed;
3. place an ad in a paper and online;
4. sort applications;
5. discard unsuitable applicants;
6. invite suitable candidates to first interview;
7. hold first round of interviews;
8. shortlist the applicants;
9. interview best candidates again;
10. select best candidate

Seite 12/13

Ü1

Accountant	numerical skills, computing skills, eye for detail
Automotive engineer	technically minded, logical thinking, innovative approach
Receptionist	pleasant voice, organisational skills, tact and diplomacy
alle drei	work under pressure

Ü2

1 d 2 c 3 b 4 e 5 a

Seite 17

Ü3

1 international 2 keen 3 location 4 degree
5 skills 6 duties 7 competitive 8 benefits
9 full 10 apply

Seite 19

T2

1. active 2. harmonious 3. thoughtful 4. independent

Seite 23

Ü4

to fill a vacancy
to interview candidates
to select candidates
a pay package
to apply for a position
to draw up a short list
a multinational group

Kapitel 2

Seite 26

T1

name, nationality, address & phone number, date of birth, marital status, ggf. headline und health

Seite 32

Ü1

1 e 2 d 3 b 4 f 5 a 6 c

Seite 34

Ü2

1 organise 2 determined 3 structured
4 improved 5 sustainable 6 successfully

Seite 36

Ü3

Computing: Microsoft Office (Excel, Word, Access, Outlook), Guest Tracker hotel management software
Languages: German (native speaker), English, French (fluent), Spanish (working knowledge)
Interests: playing basketball, travelling, cooking

Seite 39

Ü4

1. university / weiterführende Schule
2. colleague / Fachschule
3. personnel / persönlich
4. complete / lossprechen
5. business / Niederlassung
6. Schulabschluss / degree
7. trainee / Freiwillige(r)
8. sincere / schwerwiegend

Kapitel 3

Seite 50

Ü1

1. Thank you for your interest in my application.
2. I have read your advertisement with great interest.
3. I am writing to apply for a position as a trainee.
4. I will be pleased to discuss my qualifications in an interview.
5. I am writing with reference to your advertisement.

Seite 53/54

Ü2

1 d 2 e 3 b 4 c 5 a

Seite 55

Ü3

1 finished
2 was working
3 offered
4 have been interested
5 have taught

Seite 57/58

Ü4

1 to
2 by
3 of
4 for
5 in
6 with
7 to
8 for
9 from

Kapitel 4

Seite 64

Ü1

Hard skills:	education, ACCA qualification, specialised in international reporting, degree in accounting
Soft skills:	team player, able to work under pressure, good communicator, strong analytical skills
Work experience:	internship in industry, previous employments, working with accounting software, training with international company
Appearance:	clothing, neat and tidy, pleasant voice, well-groomed

Seite 67

Ü2

1 c 2 a 3 d 4 e 5 b

Seite 68/69

Ü3

1 was working 2 didn't want 3 began 4 identified 5 was 6 have benefited 7 started

Seite 70/71

T1

Teamfähigkeit: 5, 6
analytische Fähigkeit: 7, 9
Kommunikationsfähigkeit: 4, 5
Zeitmanagement: 1, 2, 3
Führungsstärke: 8, 10

Ü4

1. never 2. regularly 3. usually 4. never 5. always

Seite 74

Ü5

1 e	2 f	3 h	4 g	5 i
6 b	7 a	8 j	9 c	10 d

Seite 77

Ü6

Fett = Betonung ; / = Pause

I **always** check if / there are **new** materials available that / will be **useful** for / improving **our** processes.

I see it as **quite** / important to **make** people understand what / **exactly** they have to do.

I **usually** plan milestones in **advance** to / avoid a **too** high stress load on / the people **involved** in a project.

Seite 78

Ü7

1 d	2 f	3 e	4 g	5 a	6 c	7 b

Kapitel 5

Seite 81

Ü1

1 f	2 c	3 g	4 b	5 d	6 e	7 a

Seite 85/86

Ü2

1 speak to; 2 for the position of; 3 impressed by; 4 invite you to; 5 decided to; 6 available on; 7 in mind; 8 by train; 9 no problem; 10 forward to meeting

Seite 90

Ü3

1. little 2. dissatisfied 3. hardly 4. low 5. flexible

Ü4

1. for 2. since 3. since 4. for 5. for 6. for, since

Seite 93

Ü5

1 d 2 e 3 b 4 f 5 a 6 c

Seite 99

Ü6

1 by 2 on 3 to 4 at 5 of 6 on 7 over

Kapitel 6

Seite 103/104

Ü1

1. show + employers
2. avoid + complacent
3. make + impression
4. project + attitude
5. put + ease
6. dress + side
7. turn + strengths
8. remember + yourself

Seite 105/106

Ü2

1. What does the pay package include? C
2. Could I ask you why you left your last job? I
3. I guess that includes some travelling, right? C
4. What size would the team be? C
5. Would you like some tea or coffee? I
6. How do you cope with pressure? I
7. Could I use the bathroom? C
8. Why did you apply for this position? I
9. Would your family be able to move with you? I
10. Who would I report to? C

Seite 110

Ü3

1 c	2 e	3 f	4 a	5 d	6 b

Seite 112/113

Ü4

Letter of rejection	1 h	2 c	3 e	4 j	5 d
Letter of acceptance	1 i	2 g	3 f	4 b	5 a

Kapitel 7

Seite 118

T2

1 b	2 b	3 a	4 b	5 a	6 a	7 b

Seite 121

Ü1

1 b	2 d	3 f	4 a	5 c	6 e

Ü2

1. emigrant; 2. relocation; 3. immigrant; 4. social security number; 5. income tax; 6. permanent residence

Alphabetischer Wortschatz Englisch – Deutsch

ability Fähigkeit
achievement Leistung
acquire erwerben
A-levels (GB) in etwa: Abitur
alternative service Zivildienst
applicant Bewerber
application Bewerbung
apply for a visa Visum beantragen
apply for sich bewerben auf
apply to bewerben bei
appraisal Bewertung
appreciate begrüßen, (Wert) schätzen
apprenticeship Ausbildung
attend besuchen (Schule)
avoid vermeiden
bachelor: BSc, BA Erster Uniabschluss
benefits Zusatzleistungen
candidate Kandidat
career plan berufliche Planung
career berufliche Laufbahn
certificate Zertifikat, Zeugnis
certified staatlich geprüft
citizenship Staatsbürgerschaft
college Fachschule
committed engagiert
company car Firmenwagen
company pension Betriebsrente
company profile Unternehmensprofil
compensation Vergütung
complacent selbstgefällig
complain beschweren
complete abschließen, ausfüllen
contract Vertrag
corporate policy Unternehmensrichtlinie
curriculum vitae, CV (GB) Lebenslauf
date of birth Geburtsdatum
degree (Hochschul-)Abschluss
department Abteilung
dependent Familienangehöriger
diary Terminkalender
diploma Schulabschluss
directions Wegbeschreibung
disability Behinderung
driving license Führerschein
duty Aufgaben
education Ausbildung
emigrate to auswandern nach
emphasise betonen
employee Angestellte(r)
employer Arbeitgeber
employment law (GB) Arbeitsrecht
employment Beschäftigung
entry date Eintrittsdatum
entry-level Einstieg

equal opportunities Chancengleichheit
exemption Befreiung
expatriate Auswanderer
experience Erfahrung
failing Versagen
fill besetzen
fluent fließend
full-time Vollzeit
functional area Bereich
GCSE (GB) etwa: mittlere Reife
graduate Absolvent
group Konzern
harassment Belästigung
health insurance Krankenversicherung
healthcare Gesundheitssystem
high school (US) weiterführende Schule
holiday leave bezahlter Urlaub
hours Arbeitszeit
human resources Personalabteilung
identification card (US) Personalausweis
immigrate from einwandern aus
immigration office Einwanderungsbehörde
in favour of zugunsten von
income tax Einkommenssteuer
interest Hobby
intern Praktikant
internal revenue Finanzamt
internship (US) Praktikum
investigate untersuchen
job ad Stellenanzeige
job description Stellenbeschreibung
junior untergeordnet
labor law (US) Arbeitsrecht
location Einsatzort
major (Studien-)Schwerpunkt
marital status Familienstand
mark Schulnote
master: MSc, MA zweiter Uniabschluss
migrant worker Gastarbeiter
military service Wehrdienst
minimum wage Mindestlohn
nationality Staatsangehörigkeit
native speaker Muttersprachler(in)
objective Ziel
obtain erlangen
opportunity Möglichkeit
part-time Teilzeit
pay band Gehaltsklasse
pay package Gehaltspaket
pay scale Tarifgruppe
pension fund Rentenversicherung
pension scheme Rentenplan
performance Leistung, Auftreten
perks Nebenleistungen
permanent job Festanstellung
permanent fest, dauerhaft
permission Genehmigung
personal hygiene Körperpflege
PhD Doktorgrad

place of birth Geburtsort
position Stelle
procedure Vorgehen
professional fachlich
proof Nachweis
qualifications Qualifikationen
recruiter Personalanwerber
recruitment Personalbeschaffung
reference Empfehlungsschreiben
register sich eintragen
regulations Bestimmungen
relocate umziehen, versetzt werden
requirement Anforderung
residence card (GB) Aufenthaltserlaubnis
residence Aufenthalt
restrictions Einschränkungen
resume (US) Lebenslauf
salary Gehalt
secondary school (GB) weiterführende Schule
senior übergeordnet
settlement Niederlassung
short list engere Wahl
skills Fähigkeiten
social security Sozialversicherung
speculative application Initiativbewerbung
sponsorship Trägerschaft (Arbeitgeber)
spouse Ehegatte/in
success Erfolg
suggest vorschlagen
summary Zusammenfassung
tax file number Steuernummer
tax return Steuererklärung
tax treaty Steuerabkommen
temp(orary) Zeitarbeit(er)
testimonial Zeugnis
theft Diebstahl
thrive aufblühen
trainee programme Volontariat
trainee Auszubildender, Praktikant
training Ausbildung
unemployment insurance Arbeitslosenversicherung
university entrance Hochschulzugang
certificate Fachabitur
unsolicited application Initiativbewerbung
vacancy freie Stelle
visitor's pass Besucherausweis
vocational school Berufsschule
wages Lohn
willing bereitwillig
work experience Arbeitserfahrung
work permit Arbeitserlaubnis
work placement Praktikum
working hours Arbeitszeit
working knowledge Grundkenntnisse

Literaturverzeichnis

Pocklington, Jackie u.a.: Bewerben auf Englisch. Das professionelle 1x1. Cornelsen 2007.

Klaus Schürmann, Suzanne Mullins: Englisch bewerben – weltweit. Eichborn 2006.

Matthew J. de Luca: Best Answers to the 201 Most Frequently Asked Interview Questions. McGraw-Hill 1998.

The Complete Q&A Job Interview Book. Wiley 2004.

Internetlinks

Jobsuche

www.monster.com
www.jobstreet.com
www.indeed.co.uk
www.careerbuilder.com
www.answerbag.com
www.stepstone.com
http://jobs.guardian.co.uk
www.usajobs.opm.gov
www.ba-auslandsvermittlung.de

Praktika

www.daad.de
www.internabroad.com
www.weltwaerts.de
www.aiesec.org
www.go4europe.de
www.auslandsjahr.eu

Unterlagen und Interviews

www.eresumes.com
http://jobsearch.about.com
www.bbc.co.uk/worldservice/learningenglish/business/getthatjob
www.jobinterviewquestions.org
http://www.jobweb.com/resumes_interviews.aspx

Arbeiten im Ausland

http://ec.europa.eu/eures/
www.bia.homeoffice.gov.uk
www.dol.gov/
www.immi.gov.au
www.tid.gov.hk
www.dialogin.com
http://ec.europa.eu/dgs/employment_social
www.emplaw.co.uk

Tests

www.de.toefl.eu
www.de.toeic.eu
www.cambridgeesol.org
www.humanmetrics.com

Stichwortverzeichnis

Über die Autorin

Kirsten Wächter ist seit 1998, nach Tätigkeiten an den Universitäten in Bochum und Glasgow, freiberuflich als Englisch-Dozentin und Übersetzerin tätig. Sie ist als Trainer for International English for Business und staatlich anerkannte Übersetzerin qualifiziert. Ihre Schwerpunkte liegen dabei auf Business English für Meetings und Verhandlungsführung, interkulturellen Workshops und Bewerbungs-Coaching sowie Englisch für Ingenieure und für das Rechnungswesen.
www.tailored-trainings.de